天理教の考え方・暮らし方

道友社編

道友社

目次

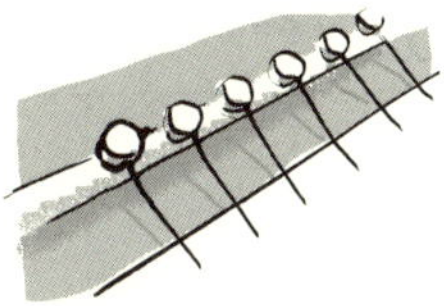

第一章　おぢばと教会……7

第二章　教えと実践……35

第三章　働きと金銭……65

第一章

おぢばと教会

信仰の根源は「ぢば」

天理教の信仰は、「ぢば」を離れては成り立ちません。

ぢばというのは、元初《もとはじ》まりにおいて、人間が宿し込まれた地点であると教えられています。そのいんねんで、時旬が来て親神様《おやがみさま》が天降《あまくだ》られ、教祖《おやさま》を「神のやしろ」と定めて、世界一れつをたすける「だめの教え」をおはじめくださったのです。

そのぢばが、はっきりこの地点であると教祖が教えられたのは明治八年（一八七五年）のことで、これを「ぢば定め」と言います。

ぢばの標識として据えられているのが「かんろだい」です。そして、このかんろだいを中心として、天理教教会本部の神殿が建てられているのです。

ときどき、かんろだいをご神体と同じように受け取っておられる人がありますが、そういうことではありません。かんろだいは、ぢばというのはこの地点ですよと示す印です。そして、礼拝の目標《めど》となるものであり、また、これを囲んで「かぐらづとめ」が勤められるのです。

こういうことから言いますと、ぢばは、天理教信者だけのぢばではなく、全人類のぢばであるということになります。すべての人は親神様の子供でありますから、ぢばは全人類のふるさとなのです。このぢばに親神様がお鎮まりくださり、また、教祖が存命でおはたらきくださっていますから、私たちは「ぢばへ行く」とは言わないで、「おぢばに帰る」と言っているのです。

おぢばにある教会が天理教教会本部ですが、この教会本部は、いつまでもぢばに所在するよう教えられています。交通の便が良いから、また時代が変わったからといって、他へ移転するということはないのです。

おぢばに見る開放性

日本の神社の入り口には鳥居があり、それに続く参道があって、参拝のコースは決まっています。また、ここからここまでが境内地であることが、だいたい分かるようになっています。ならば、おぢばではどうでしょうか。

神殿から百五十メートルほど南側に黒い冠木門《かぶきもん》があります。南門と言い、黒門とも呼ばれています。この南門が、いわば入り口に当たるわけです。

けれども信者は、ここを通って参拝するとは限りませんし、そうしなければならない決まりもありません。西からでも東からでも、また北からでも、自由に、思い思いの道筋から参拝に行くことができます。四通八達、融通無碍《ゆうずうむげ》とでも言うべきでしょう。

それだけではありません。ここから内が神域であるということを、形のうえで明確に区切る塀や表示も見られません。こういう開放的なところが、おぢばの特色の一つと言えます。

神殿にしても同じです。時間が来たら閉めるということはありません。昼夜二十四時間、開放されていて、信者はいつでも、たとえ深夜でも、礼拝場《らいはいじょう》に上がって神前にぬかずき、お祈りをし、お願いもすることができるのです。

親神様《おやがみさま》が私たち人類の真実の親であり、ぢばはその親のお鎮まりくださっている所であって、いつでも誰でも、人はその親に会いに行くことができる――それを形のうえに表したのが神殿であり、境界のない神域の姿であると言えます。

原典の一つ「おふでさき」に、「どのよふなところの人がでゝきても みないいんねんのものであるから」(四 54)と教えられますが、どんな遠い所の人、海外の人でも、みな親神様の子供であることに変わりはありません。そのなかから親神様が見定めて、いんねんある者から引き寄せてくださる所が、おぢばなのです。

教祖の三つのお立場

天理教教会本部というのは、おぢばにある教会のことですが、ぢばを囲んで建てられているのが神殿で、その北に位置するのが教祖殿《きょうそでん》です。この間は回廊でつながっています。

天理教教祖・中山《なかやま》みき様のことを、天理教では教祖《おやさま》とお呼びしています。文字に従って言いますと、教えの祖《おや》ということになります。

では、教祖とは、いかなるお方であるか。次の三つのお立場は心得ておきたいものです。

一つは、教祖は「神のやしろ」であらせられるということです。教祖に親神様《おやがみさま》の啓示《おつげ》があったのは天保《てんぽう》九年（一八三八年）のことですが、これにより教祖は、神のやしろと定まられました。

神のやしろというのは、身体《からだ》は通常の人間と異なるところはないけれども、そのお心は親神様のお心そのままであり、人間心は一切ないということです。それゆえ、教祖が口で言われたこと、筆で書かれたことはすべて、親神様の人間たすけたいという広大なお心がそのまま表れたもので、その点において千に一つも違うことはないと信じます。

二つは、教祖は「ひながたの親」であらせられるということです。教祖は、親神様のお心を五十年間にわたって、この地上に具体化されましたが、その道すがらは世界たすけの、また陽気ぐらしの手本ひながたであって、信者はこれを手本として通ることを常に念願し、喜びとしているのです。

三つは、教祖は明治二十年（一八八七年）陰暦正月二十六日に現身《うつしみ》をかくされましたが、その魂は存命のまま元の屋敷にとどまって、世界たすけのうえにおはたらきになっていると教えられます。これを「教祖存命の理」と言い、これを固く信じることが信仰の生命であります。

教祖殿に参拝するとき、以上の三つの点を心に置いて拝するよう心がけましょう。

大祭と月次祭の理

ぢばを中心に建てられている神殿を取り囲んで、東西南北に礼拝場《らいはいじょう》があります。神殿は「おつとめ」を勤める所であり、礼拝場は参拝させていただく所です。このように区別はありますが、建物としては連続しています。礼拝場では畳の上に座って参拝します。

おつとめは、「かぐら」を主とし、「てをどり」に及びます。

かぐらづとめは、十人のつとめ人衆が、それぞれ面をつけ、元のぢばに据えられたかんろだいを囲んで、元初《もとはじ》まりの人間創造に際しての親神様《おやがみさま》のおはたらきを手振りに表して勤めることによって、元初まりの親神様のご守護を今に頂き、よろづたすけの成就《じょうじゅ》と陽気ぐらしの世への立て替えを祈念するものです。

かぐらに続いて、神殿上段で男女三人ずつによる、てをどりが勤められます。これは陽気ぐらしの如実の現れとして、ぢば以外の所、つまり国々所々の教会でも勤めることが許されています。かぐらも、てをどりも、おつとめの地歌《じうた》である「みかぐらうた」と、九つの鳴物《なりもの》(笛、ちゃんぽん、拍子木、太鼓、すりがね、小鼓《こつづみ》、琴、三味線《しゃみせん》、胡弓《こきゅう》)の調べに合わせて、陽気に一手一つに勤められます。

おつとめを勤める日は決まっています。教会本部の場合、秋季大祭は十月二十六日(午前八時から)に勤めます。天理教立教の元一日に由来する大祭です。春季大祭は一月二十六日(午前十一時三十分から)で、教祖《おやさま》が現身《うつしみ》をかくされた日にちなんで勤めます。それ以外の月は、二十六日に月次祭《つきなみさい》(午前九時から)が勤められます。また、四月十八日には教祖誕生祭(午前十時から)が、元日には元旦祭(午前五時から)が勤められます。

これらの祭典には、勇んで参拝させていただきたいものです。

大切な朝夕のおつとめ

おぢばはもとより、全国各地にある天理教の教会では、朝づとめ・夕づとめを勤めます。

教会本部では、日の出と日の入りを基準に時刻を決めて勤められますから、季節によって時間が異なります。一般の教会は、それぞれに時刻を定めて勤めます。

教会に参拝しますと、上段に、右から太鼓、数取り（おつとめの回数を数えるもの）、拍子木、ちゃんぽん、すりがねの順に、朝夕のおつとめの鳴物《なりもの》が置かれているのが目につきます。この鳴物の数と位置は、どこも変わりありませんが、神殿の広さにより、大きさに若干違いがあります。

おつとめ奉仕をする人は、鳴物の数と同じ五人です。服装は教服です。時間前になれば、参拝者は参拝場に座して待ちます。

芯《しん》になるのは中央、拍子木を務める人です。この人に合わせて、まず親神様《おやがみさま》を拝し、日々結構にお連れ通りいただくお礼などを申し上げます。

おつとめの地歌《じうた》は、まず第一節「あしきをはらうてたすけたまへ てんりわうのみこと」を、二十一遍繰り返し唱えて勤めます。それから第二節が一遍、続いて第三節が三遍ずつ三回、繰り返されます。参拝者は、これに合わせて「みかぐらうた」を唱和し、教えられた通り、正しく手を振って勤めます。天理教の信者である限り、この手振りはぜひとも覚えてもらわねばなりません。

以上が終わりますと、教祖《おやさま》、祖霊《みたま》様を拝し、奉仕者は上段から下がります。それから、「てをどりまなび」をしたり、「おふでさき」の拝読や、簡単なお話を取り次いだりしますが、そのやり方は一定していません。

朝夕のおつとめは、芯になる人に合わせて、一手一つに勤めさせていただくことが大切です。

参拝するときの心得

　おぢばでは、神殿と教祖殿《きょうそでん》、祖霊殿《それいでん》が分かれていて、回廊で結ばれています。参拝するときは、まず礼拝場《らいはいじょう》の畳の上に正座をし、四拍手して深く頭を下げて祈念します。お願いやお礼のすじが終わりますと頭を上げ、四拍手します。なお、おつとめは礼拝場だけで勤め、教祖殿、祖霊殿ではいたしません。

　服装は、別に改める必要はありませんが、オーバーや襟巻《えりま》きなどは取り、汚れた手は洗うなどの心得が必要です。おぢばの神殿は昼夜二十四時間開放されていますから、深夜でも願いのすじがあれば、気兼ねなく参拝させていただけます。

　一般教会では、おぢばのように三殿の区別がなく、神殿の神床《かんどこ》中央に親神様《おやがみさま》目標《めどう》、右方に教祖《おやさま》目標が祀《まつ》られていて、左方が祖霊様《みたま》です。上段板の間はおつとめを勤める所で、普段はその真んなかに、朝夕のおつとめに用いる五つの鳴物《なりもの》が置かれています。参拝した人は、芯《しん》に合わせて、親神様、教祖、祖霊様の順に、それぞれ向きを変えて拝をします。

お目標様は、おぢばから各教会にお下げいただいたもので、この目標を通して、ぢばにお鎮まりくださいます親神様、そして教祖を拝することになります。

教会の中心になる建物は神殿で、あとは付属建物です。その付属建物に会長家族や教会在住者が住んでいます。たとえて言えば、教会のご主人は親神様、教祖で、教会長は番頭さんということになるでしょうか。それゆえ、いかなる用件で教会に訪れようと、まず神殿で拝をしてから、会長もしくは在住者に会って用をなし、帰るときには再び神殿で丁寧に拝をしてから外へ出ましょう。

天理教の服装三種

葬儀の際を除いて、天理教で通常用いられている服装は三種あります。おつとめ衣《ぎ》と、教服と、ハッピです。

このうち、最もよく知られているのはハッピでしょう。かつては「ひのきしん服」とも言われたように、土持ちなどのひのきしんのときはもちろん、日常の教務などでも着用します。色は黒で、背中に大きく「天理教」と白く染め抜かれています。左右の襟《えり》には直属教会名と所属教会名が記されています。ハッピは、日本の慣例では粗略な服装と見なされますが、天理教では正式の服装の一つですから、たとえば教会在住者がハッピを着て来訪者に応接するのは失礼に当たりません。

おつとめ衣は、その名の示す通り、教会の月次祭《つきなみさい》など恒例祭で、おつとめ奉仕者が着用します。教紋（丸に梅鉢）の黒紋付（五ツ紋）で、男子は黒の袴《はかま》をつけます。

足袋《たび》は白足袋です。婦人の帯は太鼓結びにします。その色は、だいたい定まった地味なものです。着用するときは、腕時計や指輪、イヤリングなどを外します。前日お風呂に入るなどして清潔にし、爪も切っておきましょう。生地は紬《つむぎ》の上等なものもありますが、その限りではありません。

教会のおつとめに、できるだけ奉仕させていただくのが信者の務めですから、おさづけの理を戴《いただ》いたら、早いうちに自分のものを用意しましょう。また、教会での結婚式においても、新郎新婦はおつとめ衣を着用します。

教服は、天理教独自の服装で、かつての裁判官の服装に多少似ています。黒のワンピースで、白の唐草模様の刺繍《ししゅう》が施されています。白足袋をはき、着用の際は袖《そで》口《ぐち》やズボンが外へはみ出さぬようにします。男子は、冠の帽子をかぶります。

この教服は、朝夕のおつとめ、霊祭、信者宅祭儀などで用いられます。信者用というより、教会用の服装と言えるでしょう。

宿泊は信者詰所で

全国各地にある天理教の教会は、その布教の経路や成り立ちによって、大教会と分教会の別があります。また、本部直属教会と、直属教会に所属する教会という別もあります。大教会はすべて直属教会ですが、分教会でも直属教会のところがあります。天理教の信者はみな、それぞれの教会を通じて直属教会につながっています。

この直属教会のほとんどが、それぞれ天理市内に信者修行所という施設を持っています。これを通常、○○大（分）教会信者詰所《つめしょ》と言っています。略して○○詰所と呼ぶこともあります。そして、おぢば帰りをした信者は、それぞれの所属する詰所に宿泊します。

詰所の起源は古く、明治二十年代にさかのぼります。もとは教会本部の近くに位置していましたが、だんだんと規模が大きくなるにつれて遠くまで分散するようになり、いまでは本部神殿から二キロ以上離れた場所に所在する詰所もあります。

かつての詰所は、すべて木造でしたが、その後、近代化して鉄筋鉄骨コンクリート造りが多くなってきました。これらは「母屋《もや》」と呼ばれ、建築の古い順に番号が付けられており、百六十を超えるまでになりました。詰所全体では五万人以上が宿泊可能でしょう。

食事は炊事本部の配食によります。団体であれ個人であれ、信者である限り、必要に応じて泊まることができます。費用は規定によりますが、低額です。

本部の月次祭《つきなみさい》前後などは、たいてい何人かの相部屋になりますが、時には、東北と九州の人が同室になり、言葉の違いに苦労しながら信仰の喜びを語り合うのも楽しみなことです。そして朝早く起き、そろって朝づとめに参拝するのも、親里《おやさと》でしか味わえぬ嬉《うれ》しさの一つです。たび重なるほど、その喜びは深まることでしょう。

一般教会の月次祭

教会では毎月、おぢばからお許しいただいた日に祭典を勤めます。これを月次祭《つきなみさい》と言います。日本では月の何日というように決まっていますが、アメリカやブラジルなど、週単位の生活が定着している海外の教会などでは、毎月第一日曜日などと許されて月次祭を勤めています。開始時間については、それぞれ定めます。

祭主は会長が務めます。会長以下おつとめ奉仕者は、全員おつとめ衣《ぎ》を着用します。祭典では、まず祭文奏上があり、その月のお礼とお誓いを言上《ごんじょう》します。終わると参拝者一同は、祭主に合わせて拝をします。

それから、おつとめに掛かります。これは三つの部分に分かれており、座りづとめに続いて、てをどりの前半と後半で、それぞれ役割を交替します。信仰が進んで、鳴物《なりもの》などの役割を務められるようになりますと、喜びは深くなります。

この祭典が大体二時間で、そのあと祭典講話が行われるのが通例です。参拝者としては、お話を聞くこともさることながら、何よりも、おつとめを大切に思う心構えを大切にしたいものです。

教祖《おやさま》は「まつりというのは、待つ理である」（『稿本天理教教祖伝逸話篇』五九「まつり」）と教えられました。このひと月を健康にお連れ通りいただいたことへのお礼を申し上げる日として、祭典日が来るのを待ち兼ねて、喜び勇んで勤めさせていただくことが、教祖にお喜びいただくことになるのです。

すべてが終わりますと、ご神饌《しんせん》のお下がりなどで直会《なおらい》が開かれます。できるだけ参加し、共に語らうことも一つの楽しみです。直会のとき、お酒などを振る舞われることもありますが、運転など差し支えのない方は遠慮せずに頂いてください。また、知り合いの方に声をかけ、一人でも多く参拝していただこうと努めるなかに、成人の道があるとお考えいただきたいものです。

会長と信者の生活

仏教では出家《しゅっけ》と在家《ざいけ》、キリスト教では聖職者と信者というように、教団組織のなかで、その果たすべき役割の別が設けられている例が多く見られますが、この点、天理教ではどうでしょうか。

いかなる立場にあろうとも、天理教の信者である限り、親神様《おやがみさま》を信奉し、教祖《おやさま》のひながたをたどることにおいては、いささかの区別もありません。また、日常の生活において、原典を基準にして判断し行動する（これを神一条と言っています）ことにおいても同じです。

そのなかにあって、働きながら、あるいは家庭生活を営みつつ信仰する人と、教会長など教会に在住して専《もっぱ》ら人だすけに励む立場の人の別は、おのずとあります。後者を普通、道一条、もしくは道専務と言っていますが、キリスト教でいう聖職者に似ている点もあります。

しかし、特別異なった生活規範があるわけではありません。信者が人だすけに尽力して教会を設立し、会長となるように、その別は固定したものではなく流動的と言えます。

たとえば教会の月次祭《つきなみさい》のとき、会長も信者も同じおつとめ衣《ぎ》を着用し、上段でおつとめを勤めます。会長や道一条の人だけで勤めるのではありませんし、勤めているときは、みな同じおつとめ奉仕者です。

人だすけも、おさづけの取り次ぎも、会長でなければできない、信者は教会に参拝するだけ、ということではありません。みな一致協力して、神一条の道に励んでいるのです。

道の掛かりは、みな働いている人でした。そのなかにあって、家業を投げ打ってでも人だすけに専心したいという人が教会長になったわけで、人だすけの思いの深さが、道一条の人を生んだと言えるでしょう。

信者・ようぼく・教人

天理教の信仰者は、その求道過程の進み具合によって、信者、ようぼく、教人《きょうと》の三つの立場に分かれています。

天理教教規には、「天理教の教義を信奉し、教会の信者名簿に登載されている者を信者という」（第45条）と規定されています。

国々所々の教会でお話を聞いたり、月次祭《つきなみさい》に参拝したり、時々おぢば帰りをするというくらいの信仰をしている人が、信者ということになります。そして、信者は必ず、どこかの教会に所属することになっています。

その信者がもっと教えを知り、信仰を深めたいということになると、所属教会を通じて直属教会長の署名捺印《なついん》をもらい、おぢばへ帰って別席を運びます。これが、ようぼくへの第一歩です。

「信者で、さづけの理を拝戴《はいたい》した者をよふぼくという」（第46条）とあるように、九回の別席を運ぶと、おさづけの理を戴《いただ》けます。

ようぼくは、祭儀を行い、教義を宣布し、信者を教化育成する役に当たる人で、その責任を自覚し、人だすけを積極的に行う信仰者であります。ようぼくとは、天理教の原典に由来する言葉で、親神様《おやがみさま》の手足や教祖《おやさま》の道具衆となって働く用材（用木）という意味です。

教人は、一般的な表現では、教師と同じような立場の人です。「よふぼくで教人資格講習会を修了し、本部に登録された者を教人という」（第47条）とありますが、教会長を務める人はみな、教人の資格を持っています。

天理教では、心の成人、心のふしんが重視されますが、それは、信者からようぼくへ、ようぼくから教人へと進むことをも意味しているのです。

教会の成り立ちと組織

教祖《おやさま》が現身《うつしみ》をかくされたのは明治二十年（一八八七年）ですが、そのころは政府の迫害が厳しく、教会の設置もできませんでした。翌二十一年、ようやく東京府（当時）において天理教会設置が認可され、その後間もなく本部は奈良県の現在地に移転されました。

このころから、全国各地に教会が設置されるようになりました。そしてその総数は、およそ一万六千カ所までになりました。

教会というのは、「ぢばの出張《でば》り場所」とも言われるように、親神様《おやがみさま》・教祖の一れつ人間たすけたいというお心を胸に、布教師が各地でおたすけに励んだ結果として設立が許されたもので、一面では、人だすけの〝真実の結晶〟といっても過言ではないでしょう。

この教会の制度は歴史上、多少の移り変わりはありましたが、現在では本部直属教会と、直属教会に所属する部内教会に分かれています。しかし、教会名称の理そのものに変わりはありません。

また、教会には大教会と分教会の別があります。大教会というのは、それにつながる教会が、だいたい五十カ所以上あるところです。大教会は、すべて本部直属教会ですが、分教会でも直属教会となっているところがたくさんあります。海外では、直属教会も部内教会も、○○教会というふうに称しています。

教会の成立は、主に布教の経路を反映していますから、その分布は必ずしも地域と一致しません。すなわち、大阪にあるA大教会の部内教会が、東京や北海道に所在するということがよくあります。

一つの直属教会と、それにつながる部内教会の組織を「系統」と呼んでいます。したがって信者は、一つの教会に所属して信仰し、その系統につながることになっています。

教区と支部の活動

教会はそれぞれの系統により、本部直属教会を通してぢばにつながっています。これを縦の活動組織とすると、もう一つ、横の組織というべきものがあり、これによって地域活動を行っています。その大きな単位が教区です。

北は北海道から南は沖縄に至るまで、各都道府県に所在する教会は、それぞれの教区に包括されています。すなわち、東京都にある教会は東京教区の管轄下にある、というわけです。

教区の長を教区長と言い、その事務所を教務支庁と称します。海外教区の場合は、管轄する国や地域の長を伝道庁長と言い、その事務所を伝道庁と称します。ただし海外の場合は、現在のところ、国や地域単位に伝道庁が置かれているとは限りません。

教区は若干の支部に分けられていますが、教区によって支部の数が多いところと少ないところがあります。また、支部の区分には多少の変動があります。

日常的な活動は、支部を単位として行われることが多いと言えます。すなわち、ひのきしんとか、陽気ぐらし講座など、信仰向上と布教のための催しなどが、それです。

支部の下には組という単位が置かれ、きめ細かい活動は主として組単位で実施されます。

おぢば帰りの団体も、しばしば教区単位で編成されます。教区報なども出され、本部や教区の通達、連絡事項などが、管内教会へスムーズに流れるよう図られています。

天理教の信者は、一定の教区・支部の一員として、地域活動を進めるとともに、信仰的には、それぞれの教会を通じて、系統的にぢばにつながっていることになります。また、大阪から東京へ移住した人は、自動的に教区・支部が変わりますが、所属教会は不変です。

TENRI MINI GUIDE 天理ミニガイド 1

神殿・礼拝場

天理教教会本部の神殿は「ぢば」を中心に建てられており、それを取り囲んで東西南北に礼拝場《らいはいじょう》があります。これは、「四方正面」との教祖《おやさま》のお言葉を形に表したもので、四方八方どちらからでも「かんろだい」を拝せるようになっています。四つの礼拝場の畳の数を合わせると、3,157畳になります。

月次祭などの祭典日には、四つの礼拝場が参拝者で埋まる

第二章

教えと実践

信仰の基準は原典

天理教には親神様《おやがみさま》の啓示書が三つあり、これが教義の根本となっています。『おふでさき』『みかぐらうた』『おさしづ』の三つで、これを三原典と言います。

おふでさき（お筆先）は、明治二年（一八六九年）から十五年ごろにかけて、教祖《おやさま》が自ら筆を執って記されたもので、十七号、計千七百十一首のお歌からなっています。その内容として、親神様の、世界一れつ人間をたすけたいという深奥な思召《おぼしめし》を明かされるとともに、その救済の筋道が述べられています。

教祖の直筆に慎重な校訂を加え、一字一句誤りなく再現されたものが公刊されており、いつでも拝読することができます。

みかぐらうたは、おつとめの地歌《じうた》として教祖により啓示されたもので、成立は慶応《けいおう》二年（一八六六年）から明治八年にわたっています。内容的には、第一節から

第三節までが「かぐら」の地歌で、第四節の「よろづよ八首」および第五節の「十二下り」は「てをどり」の地歌です。

　みかぐらうたには、重要な教えのかどめが、やさしく簡潔な形で示されており、信仰の歩みの大切な指針となっています。信者にとって最も身近なものとして、日常的に親しまれています。

　おさしづ（お指図）は、教祖のお言葉です。現身《うつしみ》をかくされてのちは、本席《ほんせき》・飯《い》降《ぶり》伊《い》蔵《ぞう》を通して啓示された口述の教えで、現在はその筆録を漢字交じりで整理したものが公刊されています。時期は明治二十年から同四十年にわたっており、主な内容は、その時その場に即して、信仰上の具体的な指針を与えられたものです。

　以上、三つの原典に依拠《いきょ》して、教会本部において編纂《へんさん》されたものが『天理教教典』（昭和二十四年刊）で、これにより教えの体系を正確に理解することができます。

一年中みな吉い日

日常生活において、旧習にとらわれない合理的な考え方が普及してきたかに見えますが、結婚式や葬式などの吉凶事に関しては、まだ縁起をかつぐことが多くあります。結婚式には大安《たいあん》吉日を選び、葬式は友引《ともびき》を避けるといった具合です。

こうしたことについて、あるとき教祖《おやさま》は「不足に思う日はない。皆、吉《よ》い日やで。世界では、縁談や棟上げなどには日を選ぶが、皆の心の勇む日が、一番吉い日やで」（『稿本天理教教祖伝逸話篇』一七三「皆、吉い日やで」）と言われ、次のように教えられました。

一日《ついたち》　はじまる
二日　たっぷり
三日　身につく

四日　仕合わせようなる
五日　りをふく
……

世間では、四は死に通じるとして、病院などではその部屋ナンバーを付けないところもあるようですが、実は四は幸せに通じるとなれば、それはもはや不要です。また、九は苦に通じると言いますが、教祖は、苦がなくなるということで、心次第によっては、むしろ喜ばしき日であり数であるとされたのです。

世間でいう吉日に結婚しても、それだけで後々うまくいくものではありません。それ以後、夫婦が心を合わせて生きてゆくところに、良い運命がおのずと開かれるのです。

「この世は神のからだ」と教えられている以上、日についても、方角その他についても本来、吉凶はありません。天理教では、特定の場合に精進料理をするとか、豚を食べないなどという、食べ物に対する禁忌《きんき》（タブー）がないのも、すべて親神様《おやがみさま》のお与えであるという思いが、その底に貫かれているからです。

他の宗教との関係

天理教は、元の神・実《じつ》の神である親神様《おやがみさま》直々の教えですから、親神様を信じて通れば十分であって、他の宗教を信じる必要はありません。

また、おぢばという所は、「此所《このところ》八方の神が治まる処《ところ》、天理王命《てんりおうのみこと》と言う」（『稿本天理教教祖伝』第三章「みちすがら」）と教祖《おやさま》から教えられているように、ここに帰りさえすれば、他の神社仏閣にはあえて参詣《さんけい》することも不要なのです。

「社《やしろ》にても寺にても、詣《まい》る所、手に譬《たと》えば、指一本ずつの如《ごと》きものなり。本《もと》の地《じ》は、両手両指の揃《そろ》いたる如きものなり」（『稿本天理教教祖伝逸話篇』一七〇「天が台」）とも教えられています。よく分かるたとえです。本の地というのは、ぢばのこととお考えください。

しかし、この世にはさまざまな宗教があり、いろいろな神や仏《ほとけ》が信じられている

 こともまた事実です。教えによれば、これらはすべて、人間の成人段階に応じて、その時々に親神様がお教えくださり、人間を導き育てられたものであります。けれども、天保《てんぽう》九年（一八三八年）の立教により、そのあり方が変わって、もっと進んだ信仰の段階に入ってきたわけです。

では、自分は天理教を信仰しているから、他の宗教とは無関係だという態度でいということになりますが、教えられるところからすれば、これは少し極端であり、むしろ、いままで人間を導き育ててくださった神仏であるから、それ相応の敬意を表するというのが、そのあり方でしょう。

これは、「何の社、何の仏にても、その名を唱え、後《あと》にて天理王命と唱え」（同前）と教えられるところによって、よくうかがわれます。

親神様に対する絶対の信仰を根本にして、あえて他宗教を排斥《はいせき》することなく、広い心で進みたいものです。また、そのなかに親神様のお心が広まっていくものと思うのです。

食べ物の戒律はない

小乗仏教やイスラム教は戒律が厳しく、信者はそれを守ることを義務づけられているようですが、天理教では、形のうえの戒律はないか、あるいはないに近いと言えます。それよりも、喜び勇んで生きることのほうが大切であるとされているのです。

食べ物についても、豚を食べてはいけないとか、アルコール類は厳禁などという、タブーのようなものは設けられていません。また、義務としての断食もありません。すべては親神様《おやがみさま》のお与えですから、ありがたいと感謝して頂くことがよいとされているわけです。食べ物の恵みを通じて親神様の尽きせぬご守護を日々味わわせてもらう。これが、私たちの大きな喜びの一つです。

教祖《おやさま》は、「菜の葉一枚でも、粗末にせぬように」(『稿本天理教教祖伝逸話篇』一一二「一に愛想」）と言われました。自分のお金で買ったのだから、どうしようと勝手であるという、自分本位の唯物的な考え方は、親神様のご守護の世界を忘れている姿です。

また、魚を食べる時には「おいしい、おいしいと言うてやっておくれ」（同一三二「おいしいと言うて」）とも言われています。考えてみれば、それぞれの生命を私たち人間に捧《ささ》げてくれているのですから、まずいなどと文句を並べるのは、せっかくの魚の命を軽視するだけでなく、親神様のお心を無視することにもなるのです。こんな食べ方では本当の幸せに通じません。

教会でも信者宅でも、朝づとめの前にご神饌《しんせん》をお供えします。月次祭《つきなみさい》や講社祭には、その数を増やします。そのお下がりを頂戴《ちょうだい》するというあり方が基本です。

このように、食べ物についてのタブーはありませんが、人により、あるいは場合により、酒を飲まないなどは個人の自由裁量に属しています。断食でも、人にたすかってもらいたいという切なる願いからそうすることは、いまでもしばしば行われていることです。

教理と医薬の関係

教祖《おやさま》は、世界たすけの一環として、多くの病人をたすけられました。また、教祖に続く先人たちも、各地で病人をおたすけし、それが大きな推進力となって、今日の天理教が形成されてきたと言えるでしょう。

本来、病人をたすけるのは医薬の領分なのに、天理教がこれを行うのは、「かしもの・かりものの教え」と深い関係があります。これによりますと、人間の身体《からだ》は親神様《おやがみさま》の貸しもので、心だけが自分のものであると教えられています。そして、心の本質は自由であり、その心の使い方一つによって、いかなることも現れてくるのです。すなわち、幸も不幸も、健康に過ごせるのも病気に苦しまねばならぬのも、突き詰めると心一つによるのです。

これを端的に「病の元は心から」と教えられています。裏返せば〝健康の元は心から〟ということになります。

そこで天理教では、心づかいの間違いを、教理を基準にして反省し、親神様の望まれるような心に入れ替えることを最も大切にしています。形は〝病だすけ〟に見えますが、内容は〝心だすけ〟です。

では、医薬は何であるかと言いますと、修理肥《しゅうりごえ》のはたらきをするものと教えられています。身体を作物にたとえますと、弱ったり虫に食われたりしたとき、手入れをしたり肥を置いたりすることによって作物はよみがえりますが、医薬はそのような役割をするものだというのです。しかし、根本的な立て直しは心にあることを知らねばなりません。

そういうところから、天理教は決して医薬を否定するものではありません。現に、親里《おやさと》では日本有数の設備を持つ、天理よろづ相談所病院「憩《いこい》の家」が運営されています。ここでは、病人の求めに応じて講師がおたすけをする「事情部」も設けられており、心身の治療に努めているのです。

ひのきしんの実践

天理教用語のなかで、世間の人によく知られているのは「ひのきしん」という言葉でしょう。大勢の人々がハッピを着て、公園や公共施設などを清掃している姿を目にしたことがあるという人は多いと思います。

このひのきしんを、勤労奉仕のように思っておられる人もあるかと思いますが、もっと大切な教理の裏づけがあります。

ひのきしんを漢字で書くとすれば、「日の寄進」という文字が当てられます。日々の寄進ということです。

天理教の根本の教えは、人間は親神様《おやがみさま》によって創造され、日々結構にご守護を頂いているということです。人間は自分の力で生きているのではなく、親神様のご守護によって生かされているというのが、その核心です。

生かされていることを心の底からありがたく思い、その感謝の念を行動に表してゆくのがひのきしんです。その表れ方は千差万別ですが、動機は共通しています。人さまに、たとえひと言でも親神様のお話を取り次ぐのも、ひのきしんであるといわれています。一人で近所のごみ拾いをするのもひのきしんなら、献血の呼びかけも、あるいはボランティアに励むのも、みな、ひのきしんに変わりありません。

ひのきしんは、夫婦そろってするのがよいとされています。また、こうした行為は人に言われてするのではなく、自ら進んでするべきものであり、そうであってこそ、おのずと幸福な人生への種蒔《たねま》きとなるのです。

ひのきしんは理論ではなく実践です。心で思っているだけで何もしないというのでは、ひのきしんになりません。日々のたゆみない実践で、信仰の喜びを深めたいものです。

天理教と行の関係

時折、世間の話題にも上る宗教界の出来事の一つに、比叡山《ひえいざん》の回峰行《かいほうぎょう》と呼ばれる超人的な行《ぎょう》があります。これは誰でもできるというものではありませんが、厳しい行は高野山《こうやさん》などにもあって、それが宗教の特性となっているようです。

ある意味において、宗教に行、あるいは修行はつきもので、瞑想《めいそう》にふけるとか、ひたすら座禅を組むとか、寒中に水垢離《みずごり》をとるとかということが、いまでも盛んに行われています。戒律も広い意味での行と言えます。

しかし天理教では、そういう形態の行は強制されていませんし、信仰者の義務でもありません。たすかるための必要条件でもないし、人をたすけるために必須のものでもありません。

小さな行の一つとして、ある祈願の成就《じょうじゅ》のために、特定の食べ物、たとえば塩や酒を断つということは、日本でよく見られます。イスラム圏では長期の断食月が、信者の義務として固く守られています。

この断食について教史を見ますと、教祖《おやさま》はしばしば行われており、最も長いのは七十五日にわたって水と少量のみりんと生野菜とを召し上がっただけで、ほかは何も口にされなかったと伝えられます。これは親神様《おやがみさま》の思召《おぼしめし》によるところであり、信者に断食を勧められたことはないようです。むしろ、無理に身体《からだ》を痛めるより、借りものの身体を大切にして、人だすけに励むようにと諭されています。

ただし、熱心な信者が、どうしてもあの人にたすかってもらいたいという願いから水垢離をとったり、せめてひと口でも胃を病む人が食べられるようになるまで、自分が断食をさせてもらうということなどは、いまでもよくあります。

本部神殿でよく、深夜に便所掃除などのひのきしんをする人がありますが、これなどは行の一つと言えるかもしれません。

天理教のおたすけ

親神様《おやがみさま》は、人間が陽気ぐらしするのを見て、神も共に楽しみたいとの思召《おぼしめし》から、この世と人間を創《はじ》められたと聞かされています。したがって、人間はみな本来、幸せに生きられるべき存在ですが、人生の途上には支障が現れてきます。

これをひと口に、天理教では身上《みじょう》（病気）・事情（環境上の悩み事）と言います。

身上・事情はつらいものであり、現れてこないのが一番いいと思う人は多いでしょうが、親神様は、これらを「てびき」（手引き）だと言われます。こうした節から神様の心を悟り取るならば、ご守護いただけるであろうし、より一層成人させていただく道が開かれるのだから、悲観したりしてはならないとおっしゃるのです。逆転の発想です。

「病の元は心から」と教えられます。また、人間の身体《からだ》は神の貸しもので、心一つが自分のものとも言われます。その心の使い方一つによって、健康も病気も、幸も不幸も、心通りに現れてくる世界なのです。

その心の使い方をしっかり勉強させていただく機会が、身上・事情のときと言えるでしょう。

親神様は、世界一れつの人間をたすけたいと願っておられます。その最初の救済の対象は、身上・事情に苦しんでいる人々です。

その親神様のお心を受けて人だすけに励むのが、天理教のようぼくです。ようぼくのおたすけ活動は、大別して「身上だすけ」と「事情だすけ」になりますが、身上も事情も、その根は一つです。

病気に悩む人のおたすけというと、旧時代の信仰のように受け取る向きもありますが、ここを理解していただきたいものです。

天理教は、教祖《おやさま》がお見せくださった「ふしぎなたすけ」から伸びてきました。それは、いまも続いているのです。

布教の動機と形態

天理教では、人に親神様《おやがみさま》のお話を取り次ぐ行為を「にをいがけ」（匂《にお》いがけ）と言います。一般用語で言いますと、布教です。

教祖《おやさま》によって、たくさんの人々がたすけられました。そのお礼に何をさせてもらったらよろしいかという問いかけに対し、教祖はいつも、その喜びの心をもって国に戻り、人をたすけることが一番のご恩報じになると教えられました。

このようにして天理教は各地へ広まっていったのですが、ご恩報じである布教の形態はいろいろありました。よく見られるのは、職業をもって働きながら、時間をやりくりして布教するタイプ。あるいは、家庭の主婦がその心になって行うものなどで、これらは、仏教でいうと在家《ざいけ》信仰ということになるでしょうか。

ところが、自分の受けたご守護のあまりの大きさに感激し、これからの生涯をすべてご恩報じの人だすけに捧《ささ》げようと決意して、実行する人が次々と現れてきました。こういう人を「道一条」と呼ぶようになりましたが、現在ある一万六千余の教会の大半は、このような生き方からできてきたのです。

そのなかでも、いままで住んでいた生活の根拠地を離れ、見知らぬ遠方の土地で布教をしようと志す人が多くなってきました。こうした形態を、単独布教などと言います。未開の荒野を切り開くフロンティアの趣《おもむき》が、そこにはあります。

この伝統はいまも受け継がれ、教会の子弟や布教意欲に燃える若者が、各地で単独布教を行っています。こうした布教者を受け入れる「布教の家」が現在、十六の都道府県に設けられています。

親の観念いろいろ

親という言葉から、世間では自分を生み育ててくれた肉親のことだけを思い浮かべますが、天理教ではもっと広い意味に受け取ります。

第一には、人間をご創造くださり、いまも身体《からだ》に入り込んで守護してくださっている元の神・実《じつ》の神です。これを天理教では、人間の真実の親とし、親神様《おやがみさま》とお呼びし、天理王命《てんりおうのみこと》ととなえて祈念します。

人間は誰でも親神様の子供であり、これには国籍や宗教などの違いは無関係ですが、この事実をはっきり知っている人と知らない人があります。その親神様の存在とお心を知らせてくださったのが、「神のやしろ」に定まられた教祖・中山《なかやま》みき様で、〃教えの親〃と言ってもよいでしょう。そこで私たちは、この教祖のことを「おやさま」と呼んでお慕いしているのです。

親神様のお鎮まりくださる所が、天理教教会本部のあるぢばであり、その一帯を親里《おやさと》と言います。

親神様、教祖《おやさま》、親里の存在を知らなかった人たちを、そのほうへ導く先達《せんだち》の役割をする人を〝理の親〟と呼びならわしています。導かれるほうは〝理の子〟ということになりますが、両者とも親神様の子供であることには変わりありません。

目にふれる肉親のありがたいことは誰でも分かりますが、それだけでは成人した人間とは言えず、親神様の望まれる陽気ぐらしの世にはなかなか近づけません。早く全人類の真実の親である親神様を知り、教祖にならって、そのお心をわが心として生きる人間になるよう努めたいものです。

肉親はいつか亡くなりますが、親神様、教祖は永遠です。親里もまた同様です。こう認識するとき、大安心の境地が開けてくるというものです。

いんねんの考え方

キリスト教では原罪ということをよく言います。人祖アダムとイブが神の言いつけに背《そむ》いた罪が、子孫のすべてに流れており、この状態のままでは救われない人類共通の〝悪いんねん〟のようなものを言っているのでしょう。

ところで、天理教では「元のいんねん」ということを根本としています。「おふでさき」に、「月日にわにんけんはじめかけたのわ よふきゆさんがみたいゆへから」（十四 25）と教えられるように、親神様《おやがみさま》は、人間が陽気ぐらしするのを見て共に楽しみたいというえから人間を造られた。だから、人間は誰でも本来、幸せな生活ができるようになっているのだ。こういう人類共通の〝善いんねん〟を「元のいんねん」という言葉で教えられていると思います。

一方、現実の人間には〝個人のいんねん〟と言うべきものがあります。「おさしづ」に、「いんねんというは心の道」（明治40・4・8）とありますように、これは、一人ひとりが自らつくり出してきた心の歴史が、人生の運命を決めてゆくことを教えられたものです。

心の働きは目に見えにくいし、数字で表すこともできませんが、親神様は、「理は見えねど、皆帳面に付けてあるのも同じ事、月々年々余れば返《かや》す、足らねば貰《もら》う。平均勘定はちゃんと付く」（明治25・1・13）と、誰でも公平に守護することを約束しておられるのです。

そこで、わが身の上に成ってくるすべてのことは、自分の心がつくり出した結果であると自覚し、親神様の教えに従って、心の向きを良いほうへ転換することが大切になってきます。

この場合、いま現れている姿を通じて自分のいんねんを知り、さらに、その奥に「元のいんねん」があるということを悟り取ることが必要です。

いんねんというと、何か暗い宿命的な感じがしますが、本当のいんねんの意味は、明るい人生開拓の確かな心の拠《よ》り所《どころ》なのです。

一れつ兄弟姉妹の教え

天理教の人間観には、この世の治まりのうえに大切な事柄が数多くありますが、そのなかで二つを挙げてみましょう。

一つは、人間は陽気ぐらしを目的として、親神様《おやがみさま》によって創造された子供であり、親神様は、この究極の目的を実現させてやりたいと、いまもはたらいておられるということです。そしてもう一つは、世界のすべての人間は親神様の可愛《かわい》い子供であり、人類はみな兄弟姉妹《きょうだい》であるということです。

人類のことを、原典では「世界一れつ」という言葉で表現されています。そして、「せかいぢういちれつわみなきよたいや　たにんとゆうわさらにないぞや」（十三 43）と明らかにされているのです。

一れつ兄弟姉妹だから、本質的には高い低いの違いはないはずであるのに、人類は互いに高低《たかひく》をつけて反目し、憎悪するという悪《あ》しき歴史を繰り返してきました。かつては、国の違い、皮膚の色、貧富の差などが絶対的なものと見なされ、陽気ぐらしとは程遠い世界となっていました。

しかし、これらは人類の歴史のうち、せいぜい二、三千年のことにすぎません。もっと遠く人類の創造という時点にまでさかのぼれば、みな平等の資格で造られた人間なのです。これが親神様によって与えられた先天的約束であるとすれば、それを自覚し、いま生きている一人ひとりが、少しでもそれを実現しようと努力することが信仰の根本であります。

自分は自分、他人は他人。これは抜きがたい一般の固定観念になっていますが、「他人とゆうはさらにない」と言われている以上、これは克服されるべき考え方です。

一れつは兄弟姉妹なのだから、互いにたすけ合って生きなさい。そうすれば、どんな珍しい守護も見せてやろう——この親神様のお心を信じ、実行するところに、世の治まりは実現していくのです。

心の自由を大切に

政治的自由とか、言論の自由とか、何かにつけて自由が主張される時代です。それは、各種の自由が人間の幸せと深い関係があるからです。

天理教では、心の自由ということが重んじられており、社会的自由についてはあまり言われません。これは、社会的自由を軽視しているのではなく、それら一切の基礎となるのが心の自由であるとするからです。

「おさしづ」に、「人間というものは、身はかりもの、心一つが我《わ》がのもの」（明治22・2・14）と教えられます。身体《からだ》は親神様《おやがみさま》からお借りしたもので、心だけが自分のものだと言われるのです。そして、その心の本質は自由です。

だから人間は、心でどんなことも思うことができます。何千年前にも、何万キロ離れた外国にも、時間・空間を飛び越えて自由に思いを馳《は》せることができます。身体は現実にしばられているので、そんな自由はありません。

また、善《よ》い心も悪い心も使うことができますが、心は「我がのもの」ですから、その結果はすべて自分の身に返ってきます。そういう意味で、自由には厳しい責任が伴うのです。

心は自由ですが、制約はあります。幸せを願っても、それが思いのまま実現するとは限りませんし、成功を願うことは自由でも、失敗に終わることがよくあります。思うことが思うようになってくるのが自由自在《じゆうようじざい》だとしたら、人間の心は、自由ではあっても自由自在ではないのです。ここが問題です。

その自由自在の境地を味わわせてやりたいというのが、親神様の思召《おぼしめし》であります。では、自由自在はどこにあるのか。「めん〳〵の心、常々に誠あるのが、自由自在という」(明治21・12・7)と言われます。自由の心を使って人をたすける誠の心になったとき、自由自在がかなえられると言われるのです。

この世のごくらく

「みかぐらうた」には「ごくらく」という言葉が二カ所、用いられています。これは仏教用語の極楽に由来するものです。

阿弥陀《あみだ》経によると、極楽とは「もろもろの苦あることなく、ただもろもろの楽しみのみ受く」所ですから、楽しみずくめの境地ということでしょう。そしてその所在は、西方《さいほう》十万億仏土《ぶつど》の彼方《かなた》にあるとされています。

これに対し、教祖《おやさま》は「こゝはこのよのごくらくや」（四下り目 9）と、はっきり宣言されています。どうせこの世は苦の世界で、楽しみは死後の世界にしか望めないという、あきらめの思想を排されたものと思います。

楽しみずくめというのは、天理教用語で言うと「陽気づくめ」であり、「陽気ぐらし」です。親神様《おやがみさま》が、その境地を味わわせてやりたいという思召《おぼしめし》から、この世と人間を創造された以上、陽気づくめはこの世で実現できる、また、それでこそ本当の喜びではないか、と言われているようです。

では、教祖の言われる「ここ」とはどこか。それは、教祖のおられる所であり、今日では、ぢばを指すと言えます。また、場所的な限定を離れると、教祖のお心をわが心として生きるときには、いつでも、どこでも、その境地が開けてくるということでしょう。

さらにまた、教祖は「よくにきりないどろみづや こゝろすみきれごくらくや」（十下り目 4）とも歌われています。欲に明け暮れ、生存競争にひしめいているこの世は泥水の状態です。泥水とは、すなわち、地獄を連想させます。しかし、欲を忘れ人をたすける心になれば、それが心澄みきるということで、その人には、それまで見えてこなかった喜びの世界、味わえなかった陽気づくめの境地が与えられるのです。

彼岸《ひがん》指向ではなく此岸《しがん》指向。こうした明るい世界観は、現代人にもぴったりするのではないでしょうか。

TENRI MINI GUIDE 天理ミニガイド 2

教祖殿・祖霊殿

現身《うつしみ》をかくされた後も存命の理をもっておはたらきくだされている教祖《おやさま》に、３度の食事、風呂、寝室に至るまで、ご在世中と同様にお仕えさせていただいているところが教祖殿《きょうそでん》です。祖霊殿《それいでん》は、道に尽くした先人の遺徳を偲《しの》ぶところです。神殿、教祖殿、祖霊殿は、１周およそ800メートルの回廊によってつながっています。

中央手前が神殿・礼拝場、その後ろが教祖殿。回廊に囲まれた中庭は、甲子園球場のグラウンドとほぼ同じ広さ

第三章

働きと金銭

本当の意味の働き

「働くというのは、はたはたの者を楽にするから、はたらくと言うのや」(『稿本天理教教祖伝逸話篇』一九七「働く手は」)。この教祖《おやさま》のお言葉は、天理教信仰者の常識としてよく知られています。

世間の常識では、何かの職に就《つ》いて働き、収入を得る行為を労働と言い、これを一般的に働くことだと思っています。これだと、専業主婦や子供、あるいは老人、病人は働いていないことになります。しかし、教祖のお言葉によって広く考えると、様子が違ってきます。

子供が素直で元気よく育っていれば、親は安心し、それだけ心が楽になります。すなわち、子供も「働いている」のです。病人も、負担をかけるだけの存在ではありません。たとえ身体《からだ》は苦しくとも、看護する人にできるだけ穏やかに接し、不平ではなく感謝の言葉を口にするならば、その病人も「働いている」のです。

世界は、こういう無数の働きによって成り立ち、支えられています。働くというのは、物を作り、それを流通させるのが主流のようですが、そんなに狭いものではないのです。

日本人は、狭い意味の働くことにおいては良いモデルになっています。その結果、今日の繁栄があるわけです。それはいいのですが、半面、マクロの立場から見ると、はたはた（諸外国）を楽にさせず、むしろ苦しめる結果にしてきたことはなかったでしょうか。

そのように考えますと、国際間の難しい問題も、教祖のお言葉を噛《か》みしめることによって、解決の糸口が見いだされるように思えてきます。

高う買うて安う売る

教祖《おやさま》は、ある人に「商売人はなあ、高う買《こ》うて、安う売るのやで」(『稿本天理教教祖伝逸話篇』一六五「高う買うて」)と言われました。そんなことをしていると大損する、安く買って高く売るのが商売のコツだと、すぐに言い返したくなるところですが、その意味を考えてみましょう。

物が安いときに、安い産地で仕入れ、それを安く売るという薄利多売は昔からありました。戦後のスーパーマーケットはその実行者ですが、これは商法であって、信仰抜きで成り立ちます。

高い値段で買って生産者を喜ばせ、それを安く売って消費者に満足してもらうことは、容易ではありません。それこそ身を粉《こ》にして働き、私生活を正し、社会のために奉仕する「ひのきしん」の態度に徹しなければ、長続きしません。

いわば、信仰実践の場としての商売ということになります。天理教には、この教えにのっとって、自分なりに工夫して実行している人が多くいて、結果的に成功した事業家もあります。

ところで、この教祖のお言葉を物の世界だけに限定せず、人の世界に当てはめると、その応用範囲はにわかに広がります。

たとえば会社の場合、おれは社長だからといって威張ったり、独断専行して従業員の気持ちなど汲《く》みとらずにこき使っていたりするのは、自分の値打ちを高く売り、人の値打ちを安く買っていることになります。こんなことを続けていると、その会社はいつか破綻《はたん》を見ることでしょう。

能力のある人、恵まれた人、地位のある人は、ややもすると自分の値打ちを高く売りたがり、他人の人格や人権を無視しがちで、これが陽気ぐらしの妨げとなっています。

大国と小国、先進国と途上国の格差や不和……。これらも、教祖のお言葉を気長く地道に実行することによって、次第に治まってゆくと思われます。

金銭は天の与え

命の次に大事だと考えられている金銭の持つ意味について、天理教では、およそ三つの性格が考えられます。すなわち、「あたえ」と「つなぎ」、それに「種《たね》」という意味です。今回はまず「あたえ」から。

あたえとは「天の与え」ということです。人間の身体《からだ》は親神様《おやがみさま》からの借りものです。その身体を使って働くと、それに応じて収入が得られます。形のうえでは、自分の労働により、勤務先からもらうわけですが、本当は親神様から頂戴《ちょうだい》していると考えるとき、あたえという観念に近づきます。

その底には、こうして働けるのも、親神様のご守護によるという思いが深くあるわけです。病気はご守護を十分に受けられていない状態で、これでは、あたえも乏しくなるということです。

ところで、「おさしづ」に「薄きは天のあたゑなれど、いつまでも続くは天のあたゑという」（明治21・9・18）とあります。

人間の常として、十分、あるいは十分以上の金銭が得られることを理想としますが、このお言葉からすると、少し足りないなあと思われるくらいのほうが、むしろ良好のようです。いわば、腹八分目で満足するのが健康長寿の元となるようなものでしょうか。

それが長く、いつまでも続くならば、それでいいのです。太く短くより、細く長く続くほうが安定しています。事業でもそうだと思います。

教祖《おやさま》は、「人間は働くために生まれてきたのや」という意味のことを言われたと伝えられています。働かず、楽をして不労所得を望むのは、良いように見えて実は良くないのであって、そんな所得は、あたえとは言えないでしょう。

金銭をあたえと見るとき、あくせくする心は薄くなり、親神様に生かされている喜びが感じられるようになります。こういう心のゆとりを持つことが、これからの人間の生き方になっていくでしょう。

金銭はつなぎの役割

親神様《おやがみさま》のご守護を十の守護の理をもって説き分け、それぞれに神名を配して教えられた「十全《じゅうぜん》の守護」のなかで、「くにさづちのみこと」は「人間身の内の女一《おんないち》の道具、皮つなぎ、世界では万《よろず》つなぎの守護の理」と示されています。

金銭の性格は、第一に天の与えということですが、第二には、この「つなぎ」ということがあります。

文明社会では、金銭なくしては一日も暮らせません。すなわち、金銭は命をつなぎ、生活を成り立たせる元となるものです。

また、人と人の間をつなぐものでもあります。これを逆に言いますと「金の切れ目は縁の切れ目」となるわけです。

ここまでは大人なら誰でも知っています。そして、生きるために、さらにはより良く生きるために、金銭に執着します。

しかし肝心なのは、金銭が良い運命につながるか、それとも悪い運命につながるか、また、それを決めるのは何かということです。

金銭は本来、無性格ですから、どんな運命にもつながります。この場合、金銭の量が多ければ、それだけ良い運命につながると考えやすいものですが、量の多いことが良い運命につながる決定的要因ではありません。無理に集め、人の恨みがこもりますと、むしろ悪い運命につながります。これでは良質のお金とは言えません。量はほどほどでも、よく働いて自然にそなわってきたお金ならば、命をつなぎ、人と人の間をつなぎ、さらには良き運命につながっていきます。

信仰生活においては、良質のお金を得、それを人も共に喜べるように使ってゆく勉強をすることで、そこから陽気ぐらしの姿も見せていただけるというものです。信仰は心の営みですが、親神様のお心に沿った営みをするとき、金銭面でも不自由のない世界が開けてくると信じます。

金銭は「種」でもある

金銭は天の与えであり、つなぎの役割を果たすものですが、さらには「種《たね》」という性格があることを知るのが大切です。

給料といい利益といい、それらはだいたい「収穫」と考えられています。自分が苦労して働いて得たお金はすべて自分のものであり、だから、それをどう使うかは自分の自由であると考える人が大半です。

しかし、信仰が深まりますと、思いが変わってきます。このように健康で働けるのも親神様《おやがみさま》のご守護があるからだと、自然に感謝できるようになります。

したがって、収入の全部を自分の生活や好みのために使ってしまわないで、そのいくらかを親神様の思召《おぼしめし》に沿って、世のため人のため、お道のために使わせてもらおうという心が湧《わ》いてきます。

そのように認識されて使われた金銭が「種」となり、やがて、わが身に幸せの実を結ぶという姿で返ってきます。

農作物の場合、その年にとれたものを全部食べてしまうと、来年の収穫は望めません。そのときは多少苦しくとも、必ず種を残しておくのが命をつなぐ元であり、これは古今東西に通じる不変の真理です。

金銭を「種」と受け取るのも、これと同じ思想と言えます。

ところで、世間では「蒔《ま》かぬ種は生えぬ」と言いますが、「みかぐらうた」では「まいたるたねハみなはへる」（七下り目　8）と教えられます。はなはだ積極的だと思います。

しかし、より大なる利益を得んがために蒔くとか、収穫を早く望むとか、その動機が欲から発していたのでは、信仰的行為とは言えません。それは打算であり取り引きです。「よくがあるならやめてくれ」（九下り目　4）とも教えられます。

陽気ぐらし世界は、金銭を「種」と受け取り、その思いに従って生きる人が多くなるにつれて実現していくものだと思います。

人間の力で働くのか

「おふでさき」に、「たいないゑやどしこむのも月日なり　むまれだすのも月日せわどり」（六　131）と教えられます。受胎も出産も、すべて親神様《おやがみさま》のご守護によると言われるのです。

受胎や出産だけに限りません。何十年にわたって人間として生きられるのも、そして最後に出直し（死去）するのも、みな親神様のお世話取りによるものです。こう言いますと、人間には理屈があって、自分はそんな世話になっていない、自分の力で働いて生きているだけだと反論したくなるかもしれませんが、果たしてそうでしょうか。

成人に達しない間は別として、社会人となった以上、人間はそれぞれ職に就《つ》き、毎日苦労して働き、その収入で生活を維持しています。しかし、働くといっても、自分の力によるとは限りません。働きたくても、高熱が出れば電車に乗れません。腹が痛めば休まねばならず、長期療養ともなれば職を失うおそれもあります。

では、親神様のご守護、お世話取りとは何か。

親神様は、人間の身の内（身体《からだ》）に入り込んで守護すると教えられます。すなわち、心臓は一秒の休みもなく動く。胃は人間が意識しなくても、ちゃんと食べ物を消化してくれる。目はよく見える、耳も聞こえる……。これら一切が親神様のご守護によるものです。

言い換えますと、「身体のことはちゃんと神が守護してやるから、そのほうの心配はせず、人間はその借りものの身体を生かして働け。そのために、知恵の仕込みも文字の仕込みも教えたのだから」と言われていると思うのです。

あとは人間の心次第で、親神様のご守護を大きく長く頂くことも、そうでないことも起こります。信仰は前者の道に通じます。

それはともあれ、人間は親神様のご守護とお世話取りによって働けるのだと知ることが大切だと思います。

相対的貧乏感と現代

貧乏は病気とともに、陽気ぐらしの妨げになるものとして世人から恐れられています。

しかし、幸いなことに現代の日本では、とても食べていけないというような絶対的貧乏は、ほとんどありません。それに代わって人々を苦しめているのは相対的貧乏感で、これは、まだ足りないという欲求不満型や、隣人に比べて劣っているという嫉妬《しっと》型に代表されます。物質的要素よりも心理的要素のほうが大きいのです。

絶対的貧乏は、心の持ち方だけでは解決できない部分がたくさんありますが、相対的貧乏感は、心の方向を変えることによって、いたずらな不安や強迫観念から脱却できる範囲がかなりあります。すなわち、考え方によって必要以上のイライラが解消される点が多いのです。

「かしもの・かりものの理」に基づく天理教の世界観・人間観は、この点、朗報をもたらしてくれます。また、貧のどん底にあってなお、この世に対する明るい信頼感を示された教祖《おやさま》のひながたは、私たちをいつでも力づけてくれます。

私たちは、貧＝不幸、富＝幸福という固定観念に根強く支配されています。お金がないのは首がないのと同じことだ、とまで言われます。

しかし、世界はそんな狭いものではありません。たとえ物やお金で今日、多少の不自由はしていても、空気や水や太陽の熱には不自由していないのです。この天地の恵みを親神様《おやがみさま》のご守護と言いますが、心の目を開いてこれに気づくならば、心の方向が変わってきます。

これは観念論でもお説教でもありません。天理教は、この種の体験を経てきた人々によって築かれた教えの集団であり、それゆえに、相対的貧乏感に悩む人たちには力強い味方となり、慰めとなる教えであることは確言できます。

貧富と心のほこり

「恒産なきものは恒心なし」と言われます。

一定の生業《なりわい》や収入のない人は、常に変わらぬ道徳心を持つことができない。つまり、生活が安定していないと精神も安定しないという意味ですが、確かに生活が安定していれば、それなりに現状に満足できますし、将来への希望もありますから、精神状態も安定して、悪心はそう起こりません。健全な中流階級のモラルは、ここから生まれます。

けれども、それはあくまで平均的人間について言えることで、その枠《わく》に収まらない人もたくさんいます。

人から見たら、うらやましくなるほどお金があるのに、まだそれに飽き足らず、無理と思える手段でなお、お金をかき集めようとする人は、恒産以上のものがあっても恒心はないわけです。教理的に見ますと、金持ちであっても、なお「をしい」「ほしい」、あるいは「こうまん」などの心の「ほこり」を積むことがあるのです。それが陽気ぐらしの妨げとなります。

貧乏な人も、原因がいろいろあるので一概には言えませんが、得てして「にくい」とか「うらみ」「はらだち」のほこりを積みやすくなります。

では、親神様《おやがみさま》は、そのどちらを早くたすけたいと思っておられるかというと、「一に百姓たすけたい」とか、「谷底せり上げ」などというお言葉からもうかがわれるように、貧乏で難儀している人を、より切実にたすけたいという思召《おぼしめし》です。

一方、「学者金持ち後まわし」とも言われます。自分の知力や財力にたのむところのある人は、どうしても親神様にもたれて通るという心が薄くなるから、真の救済から遅れてゆくことになると言われるのです。

ともあれ、陽気ぐらしは心一つが軸になって展開されるものですから、富にあっても貧にあっても、心のほこりを払うことが大切になってきます。

金銭は〝二の切り〟

『稿本天理教教祖伝逸話篇』に、次のような教祖《おやさま》のお話が紹介されています。

「命あっての物種《ものだね》と言うてある。身上《みじょう》がもとや。金銭は二の切りや。今、火事やと言うたら、出せるだけは出しもしようが、身上の焼けるのも構わず出す人は、ありゃせん。大水やと言うても、その通り。盗人《ぬすと》が入っても、命が大事やから、惜しいと思う金でも、皆出してやりますやろ。

悩むところも、同じ事や。早く、二の切りを惜しまずに施しして、身上を救《たす》からにゃならん。それに、惜しい心が強いというは、ちょうど、焼け死ぬのもいとわず、金を出しているようなものや。惜しいと思う金銭・宝残りて、身を捨てる。これ、心通りやろ。そこで、二の切りを以《もっ》て身の難救かったら、これが、大難小難という理やで。よう聞き分けよ」

（一七八「身上がもとや」）

二の切りというのは、二番目に大切なものという意味です。命、あるいは身上（身体《からだ》）が一番で、金銭は二番である。その道理は誰でもわきまえているが、火事や大水など非常危急の場面に遭遇すると、ついうろたえて二の切りにこだわり、その結果、命を失う破目《はめ》になるから心するように、ということです。大病のときも、冷静な判断が必要だと言われます。

人間、火事に遭《あ》うことは滅多にありません。しかし、現れた事柄は小さいようであっても、危急存亡に関わる事柄は日常よくあります。小火《ぼや》みたいなものです。

それをうっかり見過ごさないで、命は一の切り、金銭は二の切りと見極めをつけて、その都度対処してゆくならば、いざというとき、判断を間違えることはないと思います。知識が飛躍的に向上した現代でも、この基本構造に変わりはありません。

〝働き〟とその未来像

「人間は働くために生まれてきたのや」という意味のことを、教祖《おやさま》は言われました。働くことが、人間の生活のうえに、ひいては陽気ぐらしのうえに大きな部分を占めていることを思うとき、このお言葉は私たちを安心させます。

労働は、神が人間に罰として与えたものであり、苦役であるという考え方もありますが、これでは、働くことが陽気ぐらしに結びつきにくくなります。

では教祖は、働くことの大切さだけを教えられたのかといいますと、そうではありません。口伝によりますと、「人間は昼まで働いて、昼からは陽気遊び」と言われたと伝えられています。

なんだか矛盾するようですが、初めのお言葉は、働くことの意味を教えられたものので、次は、将来こうなると言われているものです。

昔の労働は苛酷《かこく》で、長時間強制されました。身体《からだ》をこわすという悲劇も多く見られました。しかし、だんだん苛酷な労働はなくなり、時間も短縮され、環境も清潔になっています。その分、仕事の内容が濃くなっている面もありますが、全体的に見れば、労働に楽しみの要素が加わるようになってきたのです。

これは、教祖の言われる「陽気遊び」に近い姿ではないかと思われます。

午前中働いて午後は陽気遊びということは、日数にすると、年間の半分は働いて、あとは生活を楽しむようになること。それでちゃんと生産に支障はなくなる、それが将来の姿だと言われるのです。

これが実現するためには、生産技術の向上が不可欠ですが、それは予測できます。それより大切なのは、陽気遊びとは何かを真剣にさぐることです。単なる休みやレジャーでは退屈ですし、意味もありません。この陽気遊びとは何かを求めることが、今後の人間生活の重要な課題の一つでしょう。

〝働き〟と〝遊び〟の間

「おふでさき」に、「月日にわにんけんはじめかけたのわ　よふきゆさんがみたいゆへから」（十四　25）と教えられます。親神様《おやがみさま》は、人間が「陽気遊山《ゆさん》」する姿を見たいうえから、人間を創造したと言われるのです。

この「陽気遊山」は、「陽気遊び」と似た意味があると思います。教祖《おやさま》の口伝によりますと、将来「人間は昼まで働いて、昼からは陽気遊び」と言われています。

子供が夢中になって遊んでいる姿は「陽気遊び」を連想させます。若い人たちがスポーツに熱中している姿も同じです。碁や将棋などのゲームも、趣味でやっている限り遊びです。歌を歌うのも、小説を書くのも、似た性格があります。

これらは本来、働くことと無関係な事柄、むしろ反対のものと言えます。ところが、時代が進むにつれて、遊びが職業として成り立つ分野が広まる一方です。野球にプロ野球があるのが最も分かりやすい例です。しかも、選手は高額所得者になっています。

歌手や芸能人なども、昔は低く見られる傾向がありました。道楽の過ぎたものとも考えられていました。けれども現代では、歌手は憧《あこが》れの的であり、時には英雄のように見なされます。

毎日会社に通勤し、物を作ったり売ったりして給料をもらう形態だけが働くことだと思わなくなってきたのです。

もちろん、こういうのが「陽気遊び」であるということではありません。ただ、〝働く〟ことと〝遊ぶ〟ことが矛盾なく結びつく分野が次々と生まれており、それがますます広がっていくであろうことは、教理的にも興味深い現象であると思われるのです。

TENRI MINI GUIDE 天理ミニガイド 3

おやさとやかた

「屋敷の中は、八町四方となるのやで」との教祖《おやさま》のお言葉に基づいて、ぢばを取り囲む８町（約872メートル）四方の線上に、計68棟を建て巡らす構想のもと、昭和29年から建築が進められています。これまでに26棟が竣工《しゅんこう》し、教義研究、信者修養、病院、教育施設などに使われています。

写真手前の南右《なんう》第三棟は、地上７階、地下２階建て

第四章

ご守護

親神様のご守護とは

「おふでさき」に、「このよふのしんぢつのをや月日なり　なにかよろづのしゆこするぞや」（六　102）と教えられるように、親神様《おやがみさま》は「よろづの守護」をしてくださっています。そのご守護は、この世の自然と人間のうえにあまねく行きわたり、それによって人間生活が成り立っています。

とりわけ人間の身体《からだ》は、神が入り込んで守護すると言われています。親神様は、人間が陽気ぐらしするのを見て、共に楽しみたいという思召《おぼしめし》から人間を創造されたと聞かされますが、身の内のご守護は、その親心の現れにほかなりません。

つまり、「身体は神が守護するから、人間は銘々の心を十分に働かせて幸せを味わうように」と言われているのだと思います。

このご守護は、信仰の有無に関わりなく与えられる基本的なものですが、原則はちゃんとあり、それを「心通りの守護」と教えられています。すなわち、親神様の思召をよく理解し、真実の心で通れば、それだけご守護を頂けるわけです。真実の心とは、人間はみな親神様の子供であり、世界一れつの人間は兄弟姉妹《きょうだい》であると自覚して、互いにたすけ合って生きる生活姿勢を言うのです。

親神様の不思議なご守護を「めづらしたすけ」と教えられます。その究極の姿は、百十五歳定命《じょうみょう》がかなえられるばかりか、それまでの間、「病まず、死なず、弱らず」ということになるのです。現在の人間は、病み、弱り、かつ死ぬというなかにありますが、それは必ずしも人間の宿命ではないと教えられているのです。

この夢のようなご守護の世界を理想として、真実の心になるよう努めるのが信仰であります。

来世利益と現世利益

宗教は、個人の魂の救済が主眼で、最終的な救いは、死後に天国もしくは極楽で永遠の幸せを享《う》けることである――こういう考え方を仮に〝来世利益《りやく》〟としますと、キリスト教や仏教は、どちらかというとこのタイプになります。

人生は短く、いずれはみな死んでいくのだ。それが一番の問題だという思いが、そこにはあります。

達観すれば、そういう巨視的な思想も成り立ちますが、人生はやはり長いもので、その苦しみは深刻です。ピンチに直面したとき、その悩みの解決を宗教に求めるのは自然の情であります。

教祖《おやさま》は、まずこうした悩みに苦しむ人をたすけることから道を始められました。したがって、現世利益がその出発点であったと言えます。

しかし、出発点がそうであったとしても、それを最終最高のものとするのではありません。悩みがたすかってゆく過程で、親神様《おやがみさま》の存在を知り、そのお心を理解して、親神様と共に生きる新しい人間に生まれ変わることが最も肝心であると教えられました。

ご利益を頂いてありがたいと、自分一人喜んでいるのは、幼稚な子供の信仰です。天理教の信仰者は、悩みをきっかけとして人生観を変え、わが身たすかりたいから人をたすけたいという心に生まれ変わり、それを実行することに努めます。このなかには魂の救いも当然、含まれています。

教祖はあるとき、「ねがふこゝろの誠から、見えるりやくが神の姿やで」(『正文遺韻抄』「神様の有無に就《つい》て」)と言われました。苦しんでいる隣人のために祈る心が、すなわち誠の心であり、そのとき、神のはたらきが見えてくると教えられたのです。

現世利益から始まって現世利益を超えていくのが、天理教の信仰であると言えるでしょう。

ご守護は頂いている

身体《からだ》の場合で言いますと、難しい病気が良くなったとき、「親神様のご守護を頂いた」と言って喜びます。

しかし、何か特別のことが起こったのかといえば、そうではありません。四〇度の高熱が出た。大変だと騒いで注射を打ち、氷枕をして冷やします。何のことはない、元の三六度五分の平熱に戻したいだけのことです。入院し、何百万円というお金をかけてでも手術を受けるのは、元に近い状態に戻したいがためであって、何も金ピカの身体にしようというのではありません。足の障害で歩けなくなった人が歩けるようになった。これはご守護で、そのとき人は泣いて喜びます。しかし、これとても、元の状態に戻っただけであります。健康なとき、私たちはそれを当たり前だと思い、ありがたいとも嬉《うれ》しいとも感じ

ません。あるいは、胃がまともにはたらいているときは、その存在が意識されませ
ん。意識されるようになったら、病気の状態なのです。
してみると、私たちが何とも思っていない状態が、実は最善なのであって、これ
がご守護を頂いている状態なのです。
私たちの大半は、病人が泣いて喜ぶようなご守護を、すでに頂いているのです。
このことを「日々のご守護」と言ったりしますが、これを知ることが一番大切だと
思います。
もし、自分は親神様《おやがみさま》のご守護など、ちっとも頂いていない、という人があれば、
それはとんでもない思い違いというものです。
日々のご守護をありがたく思える人は、親神様のお心に近い人です。ありがたい
と感謝するどころか、不平にすら思う人は、親神様のお心から遠い人です。
幸福は足もとにあります。そして親神様は、私たちの身近におられるのです。

ご守護のスケール

病気が治った、難しい事情がうまく解決した。こういうとき、ご守護を頂いたと言って喜ぶのが人間の情です。

また、これだけ熱心に信仰しているのに、少しも病気が良くならない。こういうとき、ご守護がないと悲観する人がいます。これも人間の情です。

病気には、〝肉体の病気〟と〝運命の病気〟があると思います。そして、肉体の病気を治すのが医者・薬の役割で、運命の病気を良くするのが信仰ではないかと思います。

肉体の病気が治っても、運命の病気が良くならなかったら、その人の人生は幸せとは言えません。すなわち、肉体の病気はご守護いただいても、心づかいが少しも改良されなかったら、運命が向上して幸せになることは難しいのです。

反対に、病気でそのときはつらい思いをしたが、この体験を通じて親神様《おやがみさま》のお心を知り、心づかいが良くなったら、そのほうが長い目で見ると、幸せに結びつくことになるでしょう。

病気が治る。これは短期的なご守護です。病気を通して心づかいが良くなる。これが長期的なご守護と言えます。それゆえに、親神様は「病は手引き」であると教えられたのだと思います。手引きとは、幸せへの手引きです。

なるほど、その時その場では病気はつらいものです。ないに越したことはありません。けれども、病気をしないのが理想ではありません。肉体はピンピンしていても、考えること、なすことが無茶苦茶では、本当の意味の健康ではありません。

たとえ病気で苦労しても、それによって確かな人生観を身につけ、勇んで生きていける心ができたら、そのほうが良い生き方と言えるのではないでしょうか。

「身上《みじょう》・事情は道の花」と先人は言いました。これは、以上のことを指したもので、親神様のご守護のスケールは、これによってはかられるのではないでしょうか。

〃時間的ご守護〃が大切

親神様《おやがみさま》のご守護には、〃空間的ご守護〃と〃時間的ご守護〃があるように思います。

空間的ご守護は、物質的ご守護と重なっています。すなわち、物や金に恵まれる、子供が良い学校に合格する、病気が良くなるなど、目に見えてくるご守護です。これに対し、時間的ご守護というのは、タイミングの良いご守護、間に合うご守護のことと言えるでしょう。

大切な時間を旬と言います。種《たね》を蒔《ま》くにも、旬を外したら芽は出てきません。旬を知り、旬に間に合わせることが最も大切なのです。

何千万円という預金があっても、銀行の営業時間が過ぎますと、自分のお金であっても使えません。いかに成績抜群でも、入試の試験場に到着が一時間遅れたら合格しません。

列車に乗る予定の人が、何かの都合で一便ずらしたために事故を免れた。逆に、そのキャンセルされたチケットで乗って事故に遭《あ》った。これは、時間的ご守護を頂いたか、頂けなかったかの違いであって、時間によって運命が分かれます。

こういうところから、天理教では空間的ご守護より、むしろ時間的ご守護を大切なものと考えます。

おぢばから打ち出される〝旬の声〟を受け、いま何をすべき時かを知り、それに沿って働かせていただくことを重んずる信仰態度は、これを意味します。

我流を通し、旬に外れた働きは、その場はいいけれども、あとでタイミングが悪く間に合わなくなることを、経験的に知っているからだと言えます。

旬に沿って働くことは、将来の種蒔きに通じます。そのときは苦労を伴いますが、それが時間的ご守護を頂く種となり、次第に物事がスムーズに運ぶようになるのです。

ご守護を頂くもと

ご守護というと、何か特別なもののように思いがちですが、よく考えてみますと、大半の人は現在、十分にご守護を頂いているのでありますす。こうして健康に生かしていただいているのが何よりの証拠であり、病気が良くなるといっても、それは元の状態に戻るだけのことであるとも言えます。

次に、どうすればご守護を長く頂けるかということですが、それは、「おつとめ」の第一節にある、「あしきをはらうてたすけたまへ」という生き方をすることです。

「あしき」とは、病気や事情の悩みという、外に現れた事柄のことであり、それらの元となる悪《あ》しき心づかいのことでもあります。

「たすけたまへ」とは、陽気ぐらしの姿を見せていただきたいと願う心です。つまり、「あしきをはらう」という善なることを積み重ね、その結果、幸福な状態を味わわせていただきたいと願うのです。

自分の内なる「あしき」を払わず、欲望のままに生き、しかも幸福という結果だけを求める生き方は虫がよすぎます。こういう考え方の人は、棚ぼた式のご守護を理想とするでしょう。しかし、これでは経験にならず、心の成人もできません。

親神様《おやがみさま》の終局の思召《おぼしめし》は、私たち人間が心のほこりを払い、心を澄ます生き方を重んずるようになることです。それを気づかせたいがために、病気や事情という節を見せ、それを「手引き」として真実に目を開かせようとしておられると悟ります。

身上《みじょう》も事情もないというのが理想のようですが、心のほこりを持ったままでは、決して真の幸福につながりません。信仰の大道は、心のほこりを日々払うことだと信じます。

神はあるか、ないか

神はあるか、ないか。これは大問題ですが、議論で解決するのは容易ではありません。

しかし、これについて天理教では、鮮やかな解答が教えられています。「在るといへばある、ないといへばない。ねがふこゝろの誠から、見えるりやくが神の姿やで」（『正文遺韻抄』「神様の有無に就《つい》て」）という教祖《おやさま》のお言葉がそれです。

私たち人間は、感覚、すなわち目に見えるかどうかを基準にして、あるとかないとか言います。時には理性が根拠になります。

こういう感覚や理性を基準にして議論すると、神はあるという考え方も成り立つし、ないという主張も、ほぼ同じウエートをもって成立します。結局、水かけ論になってしまいます。

その不毛な議論から離れて、教祖は「願う心の誠から、見える利益《りやく》が神の姿」であると言われました。

「願う」というのは、たすけていただきたいと神に祈ることです。しかし、家内安全とか無病息災など、自分に都合の良いことを願うのに、心の誠は不要です。自分中心の〝欲と二人連れ〟と言えるでしょう。

けれども、難儀している人を見て、「どうかあの人をたすけてください。そのために、私はできる限りのことをさせていただきます」と願うのには、容易ならぬ真実の心が要ります。その誠の心で祈ったとき、何らかのご利益、ご守護を見せていただけます。これが「神の姿」です。

神は感覚の対象ではなく、目に見えない存在ですから、直接触れることはできません。しかし、誠の心に応えて神がはたらかれた姿、軌跡は見ることができます。そして、その軌跡を通じて、私たちは神の存在を知ることができるのです。

神は理性の対象ではなく、誠の心をもって祈るとき、その姿とはたらきを見せてくださるのです。

陽気ぐらしの諸相

人間が陽気ぐらしするのを見て、神も共に楽しみたいという思召《おぼしめし》から、親神様《おやがみさま》は人間を創造されたと聞かされます。したがって人間は、陽気ぐらしを目的にして生きているのであり、これには「なぜ」という理由は要りません。

陽気ぐらしを最も簡単に定義づけしますと、人間としてこの世に生まれてきて良かったと心から喜び、親神様に感謝できる状態のことと言えるでしょう。

言葉のうえから言いますと、陽気ぐらしは「陽気な」という主観的側面と、「くらし」という客観的な生活の側面から成っています。ここからしますと、心が明るく勇んでいるとともに、日々の生活も恵まれているというのが、陽気ぐらしの理想ということになります。

陽気ぐらしの反対は、物質的に生活が破綻《はたん》して家庭が治まらなかったり、病気に苦しんだりするだけではなく、心も暗く沈み、生きる希望を失っている状態です。

これでは、何のために生まれてきたのかと恨みたくもなり、人も神も喜べません。親神様からすると、せっかくこの世と人間を創造した甲斐《かい》がないということになるでしょう。

また、身体《からだ》が健康であっても、暴力を振るって人を苦しめ、世の中に害を流すことばかりしているならば、これは銘々勝手の陽気であって、陽気ぐらしとは違います。巨億の富を持っていても、それを少しも社会に役立てないというのも同じことで、これらは親神様の残念ということになるでしょう。

あるいはまた、心は勇んでいても、戦争や社会的混乱で生活が困窮しているというのなら、これも安定した状態とは言えません。

ここからすると、現代の日本は、親神様の望まれる陽気ぐらしには、まだまだ遠いという思いがします。

人間の四つのパターン

身体《からだ》が健康で、生活も安定しており、家庭も治まっているという状態を、仮に「形が良い」と表現しますと、「心も形も良い」というのが、一般的な人間生活の理想です。

怠《なま》け癖があって生活が苦しいとか、暴飲暴食の果てに病気で苦しんでいるのは「心も形も悪い」わけで、これは人間の理想とする生活から一番遠い姿でしょう。親神様《おやがみさま》は、こういう状態を「なんぎするのもこゝろから　わがみうらみであるほどに」（十下り目　7）と言われていると思います。

この中間に二つのパターンがあります。一つは「心は良いが形は悪い」という姿です。真面目《まじめ》で正直で、よく働くけれども、たとえば学歴が低いために報われないなどというのがそれで、多くの人はこのことで悩んでいます。

もう一つは「心は悪いが形は良い」という姿です。人のことなど構わず、金儲《もう》けに徹して成功するとか、人を踏みつけにして出世するというタイプが、それです。以上、陽気ぐらしのあり方を心と形の面から分析し、四つのパターンがあり得ることを示しました。そして、人間は誰でも、この四つのパターンのいずれかに属しています。

しかしこれは、固定したものではありません。固定しているというのなら、貧乏な人はいつまでも貧乏で、富み栄えている人は永久に富裕だということになりますが、世の中の実際は、それを否定しています。

人間は心通りの守護

「心も形も悪い人」というのは、自分が積んできた悪《あ》しきいんねんによって、病気や事情に苦しんでいる人です。

「心は悪いが形は良い人」は、悪いんねんはあるが、自分の才能や努力、あるいは幸運によってそれをカバーし、社会生活がうまくいっている人です。

ここでいう、心が良いとか悪いとかは、倫理や道徳のレベルのことではなく、親《おや》神様《がみさま》の判定による善悪です。

ところで親神様は、人間に対して「心通りの守護」をすると言われます。とすると、心が悪かったら形も悪くなるのが、当然の姿に落ち着いたことになります。心が悪いのに形のうえでうまくいっているのは、落ち着きが良くありません。現状に満足して油断していると、家庭や仕事のどこかで問題が出てくるおそれがあります。

こういう情況のとき、何かの機会に天理教の話を聞いたとします。自分とは関係がないと聞き流す人もありますが、この辺りで自分の人生をしっかり見据えることが必要だと感じる人もいます。

「心も形も悪い人」は、いままでは形を良くすることばかりに腐心していたわけですが、話を聞いて、自分が苦しんでいるのは自分の心づかいが悪かったからだと気づきます。

「心は悪いが形は良い人」は、いまは良いが、このままいけば将来、苦しむことが起きてくるかもしれないと気づきます。あるいは現実に、家族の誰かが病気や事情に苦しむようなことが起こります。

こうして両者とも、病気や事情によって、いままで気づかなかった心のあり方の大切さについて知るきっかけを得ます。身上《みじょう》・事情は神の手引きと言われますが、この構造は普遍的だと思います。

ご守護はいつ現れるか

病気に悩む人や事情に苦しむ人が天理教に入信し、信仰の道を歩むようになったら、病気はすっきりと良くなり、事情はすみやかに解決するのか。

これは一人ひとり情況が違いますから、経路も過程も一様ではありません。早期にご守護を頂く場合もありますし、長い期間がかかるときも見られます。

図式的に考えると、入信前の境遇は、「心も形も悪い人」と「心は悪いが形は良い人」の二種類が多いように思います。

では、入信すればどういうことになるかというと、「心は良いが形は悪い」という情況がしばらく続きます。つまり、親神様《おやがみさま》の思召《おぼしめし》を理解し、それに沿った心づかいをしようとするので、心は良くなり向上するわけですが、病気や事情という形のうえのことは、早急に良くなるとは限りません。心に希望は生じたけれども、見た目には問題はすっきり解決せず、まだ時間がかかりそうだという段階です。

しかし親神様は、人間の心通りに守護すると言われていますから、心さえ良い方向に向かえば、身上《みじょう》（病気）も事情も、早いか遅いかの差はあれ、いずれ良くなることは期待できます。

信仰を始めたのに、なかなか願うような形のうえのご守護を見せていただけない期間はつらいものです。しかし、そのつらさに耐え、克服してゆく心の力を養う道筋を「たんのう」と教えられていると思います。

主観的に言いますと、「伏せ込み」の期間とも言えます。まだご守護という芽は生えてこないけれども、見えないところにしっかりとした根を張ることに意義を認めて、努力する生き方が伏せ込みです。

人間は、すみやかに形のうえのご守護を見せていただくことを願いますが、あまりに早く、楽々とそれができたら、心の成長が伴わず、一生という長い目で見れば、必ずしも理想とは言えないようです。

ペニシリンか漢方か

酒癖が悪く、周囲に迷惑をかけていた人が、ある日、これでは将来が暗いと気づいて、「これから心を入れ替えます。もう、いままでみたいに自分を忘れるほど飲むことはしません」と誓ったとします。そのとき人々は、どう思うか。

まあ一年や二年様子を見て、その誓いが本当に実行されるかどうかを確かめ、本物だと分かったら信用しよう、ということになるでしょう。

信仰の歩みも、これに似たところがあります。形の悪い人、すなわち病気や事情で苦しんでいる人が、だんだんと教えを聞き分け、こう成ってきたのも自分のいままでの心がけが悪かったためだと納得し、これからは親神様《おやがみさま》の思召《おぼしめし》に沿うような心づかいをしようと決心したとします。

この決心は良いことですが、かといって直ちに親神様に信用してもらえるかとなると、早急にはいかないと思います。親神様は、その決心が本物かどうかを見定めるため、時には試練（試し）を与えられることもあるでしょう。

そして、決心に狂いはないと見定められたら、その心にふさわしい姿や形を順次見せてくださるように思います。

この道のりには、いささか時日がかかり、じれったい思いをすることもありますが、信仰はペニシリンに代表される抗生物質のように、すぐに効果が現れるものではありません。

天理教の信仰は、漢方薬に似ているとも言えます。悪いところだけ治そうというのではなく、即効性もありませんが、身体《からだ》全体のコンディションが良くなり、その結果、病気も良くなることを目指すのが漢方です。

信仰は、いま困っている事柄自体を、すぐにご守護いただくことを目指すのではなく、全体として心のあり方を整え、生活姿勢を正常なものにすることを第一とし、それにつれて形のうえのご守護も、だんだんと頂けることを期待するものでしょう。また、それが本当だと思います。

TENRI MINI GUIDE 天理ミニガイド 4

お節会

「鏡開き」は礼拝場で行われる。座布団大の餅は、大中小の餅切り器で切り分けられる

年末に全国各地から教会本部にお供えされる約40トンの鏡餅《かがみもち》は、正月三が日、神殿にお供えされた後、1月4日の「鏡開き」で食べやすい大きさに切り分けられます。そのお下がりのお餅を5日から7日までの3日間、すまし雑煮《ぞうに》にして参拝者に振る舞う「お節会《せちえ》」は、明治初期から続く伝統行事で、毎年多くの参拝者が訪れます。

第五章

心のほこり

銘々の魂に光を

高速道路では、自動車を快適に走らせることができます。しかし夜になって、ヘッドライトが故障していたら、怖くて走れません。いくら立派な道路があっても、自分のほうに光がなかったら、暗がり同然であります。

反対に、山の中の細い道であっても、懐中電灯さえ持っていたら不自由なく歩けます。

親神様《おやがみさま》は、私たち人間に、陽気ぐらしへ至る堂々たる本道《ほんみち》をお示しになりました。教祖《おやさま》は、その道を通る手本をお見せくださいました。欠けるところは一つもありません。しかし、私たち人間の魂に光がなかったら、その堂々たる本道も役に立ちません。

信仰とは、聞いてなるほどというのではなく、自分の足で、自分の光で道を歩むことです。親神様は、心通りの守護をすると言われます。また、「神は人の心に乗って働く」とも教えられています。これは、自分の魂に信仰の光を持つということと同じです。

「心のほこり」が多ければ、魂の光はそれだけ鈍くなり、世界の姿が明るく映りません。陽気ぐらしどころか、苦しみの世と映ります。世界が暗いのではなく、自分の心の世界が暗いのです。

魂の光は、言葉を換えると、徳があるかないかということです。魂に徳がありますと、それだけ喜びと感謝と勇気が湧《わ》いてきます。徳が乏しくなると、それに比例するように不平や不満が増え、喜びも少なくなります。

天理教では、日々心のほこりを払うことが大切とされていますが、それによって魂に光を持つことになると教えられているのです。

一番頼りになるのは、この魂の光を自分のものとして、しっかり身につけることです。

戒律と心のほこり

たいていの宗教には、戒律と言われるものがあります。殺してはいけないとか、盗んではいけないとか、嘘《うそ》を言ってはならないとかいう禁止事項が、それです。神の権威によって人間の無軌道な行動に一定の枠《わく》をはめ、悪に走ることを抑えようとするもので、それはそれで大切な意味のあることです。

しかし天理教には、戒律に類するものは、表立ってはありません。酒を飲んではいけないと禁止するより、人をたすける心になりなさいというふうに、消極的に悪を避けるよりも、積極的に善をなすことを勧められているようです。また、行為よりも、行為のもとをなす心理面に重きが置かれているとも言えます。

悪に流れやすい心の傾向・素質を、「ほこり」にたとえて教えられています。ほこりは目に見えにくい小さなものですが、それだけに無頓着《むとんちゃく》になりやすく、気づかぬうちに積もり重なり、生活全般に悪影響を与えます。

そのほこりと同じように、私たち人間の日々の心づかいは、善悪ともに些細《ささい》なことの連続ですが、間違った方向に傾きますと、しまいには自分でどうにも修正できないような心の癖・性分《しょうぶん》になり、その結果、不幸になっていきます。

こういう、不幸に結びついてもやむを得ない心の偏向を、心のほこりと教えられたのだと思います。

心のほこりは、分かりやすいようにと、八つ挙げられています。「をしい」「ほしい」「にくい」「かわいい」「うらみ」「はらだち」「よく」「こうまん」です。

人間である以上、これらの心の偏向は誰でも持ち合わせていますが、それで当たり前だと居直るのではなく、親神様《おやがみさま》の教えを基準にして、日々、自分の「心の道」を反省するのが信仰です。これを続けることによって、陽気ぐらしへの道は開けると教えられます。

心のほこりの悪影響

心づかいを反省するよすがとして「八つのほこり」が教えられていますが、このうち「をしい」と「ほしい」は、主として物やお金に対して発動される心づかいの偏向、間違いであると思われます。

また、「にくい」「かわい」、それに「うらみ」「はらだち」は、対人関係において起こってくる心づかいです。

以上の根本にある普遍的な心づかいが、「よく」と「こうまん」であると悟れます。

たとえば、好きなものならどんなに無理をしてでも欲しいと思うのは、欲があるからであり、人の言動を見て腹を立てるのは、高慢の心があるからだとも言えるわけです。

好きなものを欲しいと思い、大切なものを人にあげるのを惜しむのは、自然の性情で、人間である以上、それが悪いと一概に言うことはできません。

新しい車が欲しいと思うこと自体は、ほこりでも何でもありません。それなら働いて、お金を貯《た》めればよいのです。しかし、お金もないのに、なんでもどうでも欲しいという一念に駆られ、人間としての正常なルールを踏み外すようなことになったら、それはほこりになります。

嫌いな人を憎いと思うのも、お互い未熟な人間のことですから、やむを得ぬことでしょう。しかし、それが高じて、特定の人に対して憎いという心づかいしかできない、相手が親切からしてくれることでも憎いとしか受け取れない、という事態になったら、これはほこりです。

いずれにしても、正常な反応の域を越えているのです。

その結果、自分が物や人にしばられて不自由・不幸になるだけでなく、他の人をも不愉快にしていくとしたら、心のほこりの悪影響は決して小さいものではありません。

目には見えにくいが

ほこりは目に見えない小さなものですが、見えないから無い、というのは間違いです。

朝、目が覚めてカーテンを引き、窓を開けますと、太陽の光が射し込んできます。そのとき、無数のほこりが部屋中に舞っていることが分かり、よくこんな所で平気で寝ていたなあと思うことがあります。

これと同じく、私たちの日常生活には「をしい」「ほしい」など、心のほこりが充満しています。それが分からないのは、人間というのは、それで当然だと思っているから気がつかないのです。

しかし、信仰して親神様《おやがみさま》の教えを聞かせてもらいますと、心のほこりが自分にもあることが分かってきます。親神様の教えは、太陽の光に相当するものです。

だいたい、心のほこりとは、感情のままに気ままに自己主張する生活態度のことを言います。「をしい」「ほしい」も感情なら、「にくい」「かわいい」も感情です。

人間は「感情の動物」と言われますから、誰にもほこりの素地はあるものです。自分にほこりは無いというのは、思い上がりか鈍感というものです。また、ほこりがあって当然だ、どうせ人間は欲と二人連れなのだと居直っていたら、人格の向上はない。かといって重大に考えすぎ、ほこりをなくすことは不可能であると受け取ったら、人間の救いはありません。

そこで親神様は、「ほこりを日々払うように」と言われます。年に一度の大掃除だけでは、間に合わないということです。

感情のまま気ままに生きていますと、そのときは楽ですが、結局、自分が苦しみ、人にも苦痛を与えるようになります。こういうマイナスが積み重なりますと、難儀・不自由の姿となって現れてきます。

「おふでさき」にも、「心のほこりみにさハりつく」（五　9）と示されます。ほこりを軽視したり無視したりしているところに、幸せの訪れはありません。

世間一般の人間観

身体《からだ》は親神様《おやがみさま》からの借りもので、心一つがわがのものである。そして、心の本質は自由である。これが天理教の人間観の根本です。

では、世間の多くの人の人間観はどうかというと、身体は自分のものであって、心は誰のものか分からなくなっている。これが実情ではないでしょうか。

しかし、身体が自分のものだとすれば、いくつかの疑問点が出てきます。第一、いつ、どこに生まれるかを自分の意思で決められないし、いつまで生きられるかをコントロールすることもできません。

一方、心も自分のもののように思っていますが、実際には、ほこりの心づかいに支配されているようなものです。

教理では、ほこりの心づかいを八つに分けて教えられていますが、日常生活のレベルでは、これらの心づかいは、お互い人間だからというので許されます。しかし、あれが欲しくてたまらない、無理をしてでも自分のものにしたいと思うようになったら、それはすでにほこりの心づかいです。

自分の自発的な思いで欲しがっているようですが、実は物質に支配され、心の自由を失っている姿なのです。

こういう事態をもって、心は誰のものか分からなくなっていると表現したのです。こんな心の状態を、仏教ではおそらく迷いの世界、無明《むみょう》の世界と言うのでしょう。

こういう心のほこりの支配からだんだんと脱し、心が澄んでゆくにつれ、真の意味において心の自由が味わえるようになり、「心一つがわがのもの」ということが分かるようになります。その心の自由を獲得してゆく過程が、信仰の道すがらと言えます。

ほこりに走る心づかい

天理教では、「をしい」「ほしい」など八つの心づかいを「心のほこり」とし、それを日々払うよう教えられています。

しかし考えてみると、これらは人間誰もが持ち合わせている心づかいであって、それをあえてほこりとするのは理解しにくいところであります。ここのところを、どう解釈したらいいのか。

たとえば「にくい」。人間は気の合わない人や利害の相反する相手に対して、憎しみの感情を抱きます。しかし、感情のままに行動していたのでは衝突が起きるので、それを理性や常識で調整しながら生きています。

ここに仲の悪い嫁と姑《しゅうとめ》がいて、何かにつけて憎み合っているとします。それを放置しておくと、なんでも憎しみの色眼鏡で相手を判断するようになっていきます。

「お母さん、風邪《かぜ》をひかないように大事にしてね」と嫁が言っても、「ふん、腹のなかでは早く死んでくれたら厄介《やっかい》払いができると思っているんだろう」と、せっかくの親切心も素直に受け取れなくなる。嫁は嫁で、似たような心づかいに走ってしまう。

憎いと思っていたけれど案外、親切だ。嫁も根はよい女性なのだと思い返せる間は、たとえ憎いという心づかいが盛んであっても、まだ反省の余地があります。人を信じ、人を愛することができます。

けれども、そういう反省ができなくなり、ひたすら憎いという感情に凝《こ》り固まりますと、お互いの不信は増大する一方で、幸福に暮らせるはずの人間関係が悪化してしまいます。

こういう、自分も他人も不幸にしてゆく方向へ走って、ブレーキの利かなくなった心の状態が、ほこりであると言えるでしょう。つまり、もっと違った人間らしい見方・考え方ができるはずなのに、それすらできなくなった状態だと考えられます。

ほこりは小さいことで

人間が暮らすところ、どこでもほこりは付きものです。ほこり自体は目に見えにくい小さなものですが、気がつけば掃除するのに骨が折れるほど溜《た》まっています。

心のほこりも同様で、人間には付きものであり、一つひとつのほこりは小さくても、いつの間にか取り払うのが難しいほど溜まってしまいます。

そのほこりは、どんなときに積むのか。それは身近な、小さい事柄で積むのであって、特別なことで積むものではありません。殊《こと》に「にくい」「かわい」「うらみ」「はらだち」のほこりは、そのようです。

あるいは、人間関係が緊密であればあるほど、ほこりを積みやすいと言ってもいいでしょう。たとえば、人から悪口を言われたら腹が立ちます。これは条件反射みたいな心づかいで、ある程度まで自然なことです。しかし、同じ悪口でも、自分と関係のない人、もしくは関係があっても、地位その他が掛け離れている人からの悪口は、そんなに腹が立ちません。ところが、職場が同じで毎日顔を合わせている人から、思いもかけぬ悪口を言われますと、非常に腹が立ち、それが長く尾を引きます。

また、共に暮らしている妻から、ちょっと悪口めいたことを聞かされると、理屈を超えて夫は腹を立てるということがあります。これなど、身近なところでほこりを積むことを物語る事実でしょう。

夫婦、親子というのは、最も身近で緊密な人間関係です。毎日顔を合わせています。それだけに半面、一番ほこりを積みやすい関係になっていることは注意すべきです。

「みかぐらうた」に、「ふたりのこゝろををさめいよ　なにかのことをもあらはれる」（四下り目　2）と教えられます。この二人を、最も身近な関係にある者同士と解釈すれば、二人の心を治めることは実は容易ならぬことであり、それだけに重大なことだと思われてきます。

鏡にシミがつくのは

『稿本天理教教祖伝逸話篇』（一三〇「小さな埃《ほこり》は」）に、こんな話があります。

明治十六年（一八八三年）ごろ、教祖《おやさま》の御命で高井直吉《たかいなおきち》青年が近村へおたすけに行き、病気についてお諭しをしていると、「わしはな、未《いま》だかつて悪いことをした覚えはないのや」と追い返されました。

高井青年は三里（約十二キロ）の道を走って帰って、教祖にお伺いすると、「それはな、どんな新建ちの家でもな、しかも、中に入らんように隙間《すきま》に目張りしてあってもな、十日も二十日も掃除せなんだら、畳の上に字が書ける程の埃が積もるのやで。鏡にシミあるやろ。大きな埃やったら目につくよってに、掃除するやろ。小さな埃は、目につかんよってに、放って置くやろ。その小さな埃が沁《し》み込んで、鏡にシミが出来るのやで。その話をしておやり」と聞かされました。

高井青年はすぐに取って返し、「ただ今、こういうように聞かせていただきました」とお取り次ぎすると、先方は「よく分かりました。悪いこと言って済まなんだ」と詫《わ》びを入れ、信仰するようになると、病気はすっきりとご守護いただいたということです。

これに似た話は現在でもあります。人間はみな、その通りと言ってもいいでしょう。

人間は、他人の欠点はすぐ目につきますが、自分の心づかいの間違いについては採点が甘くなりがちで、「自分は間違ったことはしていない。たとえあったとしても、平均点くらいで、自分が特に悪いわけではない」と思っています。

しかし、人により、また場合により、こういう心の姿勢が、病気やさまざまな悩みごととなって現れてきます。そんなとき、悩みごとそのものの解決に奔走《ほんそう》するよりも、まず自分の心づかいにおいて、小さな間違いがあるかどうかを反省してみることが、ご守護を頂く糸口になると思います。

ほこりの起源はいつ

キリスト教には原罪の思想があります。

神によって造られた人祖アダムとイブが、神の言いつけに背《そむ》いて、禁断の木の実であるリンゴを食べた。そして、その罪が子孫すべてに遺伝した。これが原罪の起源であるというのです。

原罪とは、人類共通の先天的根本悪と考えられますが、天理教にはそういう際立《きわだ》った思想はありません。ただ、現実の人間の心づかいには、ともすれば親神様《おやがみさま》の思召《おぼしめし》に反してゆく部分が普遍的にあり、その傾向を「ほこり」という言葉で教えられています。

つまり、キリスト教が、すべての人間は生まれつきの罪人だとするのに対し、天理教は、すべての人間は後天的にほこりの心を使うとするのです。

ただ、このほこりには、明確な起源は示されていません。概括すると、心はもともと素直なものであるが、いつの間にかほこりを積み重ねるようになると教えられているようです。いわば自然発生説とでも言えそうです。

説明としては、キリスト教の説は劇的で分かりやすい部分がありますが、それを受け入れるには、かなりの飛躍を必要とするでしょう。これに対し、天理教の教えは自然の実態に合っており、無理なところがないと言えます。

人間というものは、ある日突然、一つの決定的な原因から悪の傾向が現れることは稀《まれ》で、たいていは小さいことを積み重ね、そのうち悪の性質を濃厚にしていくのです。善の傾向にしても同じです。

「みかぐらうた」に、「ひとのこゝろといふものハ　ちよとにわからんものなるぞ」（十下り目　1）と歌われています。ほこりも同様で、分かりにくいものです。

そこで、ほこりの起源は何かと哲学的な探究に精力を費やすより、自分にもほこりの心づかいがあることを認め、それを日々払う生き方を選ぶほうが現実的であり、かつ長期的には有効であると思います。

神にもたれて通る心

「おふでさき」に、「せかいぢうどこのものとハゆハんでな 心のほこりみにさハりつく」（五 9）と教えられます。この「心のほこり身に障りつく」というのが、天理教の重要テーマの一つであります。

このテーマを医学のレベルで受け取ると、論議が百出して決着がつかないでしょう。また、「はらだち」というほこりの心を使ったから腹が痛くなった、といった解釈をするのも単純に過ぎますし、実情を反映していません。

では、いったいどのように解釈すれば、比較的広く納得できるのか。

前述のお歌に続いて、「みのうちのなやむ事をばしやんして 神にもたれる心しやんせ」（五 10）とあります。これが急所だと思います。

病気の大半は身体《からだ》の故障、苦痛となって現れます。しかし、苦しむのは身体だけではなく、心も苦しむのです。いや、「心一つがわがの理」と教えられますから、心の苦しみのほうが大きく、これを注射で治すというような簡便な手段がありません。

なぜ自分はこんなつらい目に遭《あ》わねばならぬのか——。こういう疑問や、不安や、いらだちを抱えていては、病気もなかなか回復しないでしょう。不運だった、偶然そうなったのだと、外に原因を求めている間も同様です。

こういうとき、一度思いきって考え方を変え、自分のいままでの心のありように目を向けてはどうでしょう。その手がかりが「心のほこり身に障りつく」というテーマです。

ここから出発して心を掘り下げ、医学としては医師に身を委《ゆだ》ねても、心は親神様《おやがみさま》にもたれる姿勢になったら、思わぬ世界が開けてくる可能性があります。また、こういう心の転換がなされてこそ、病気の存在意味もあったということになるでしょう。

高慢と悲観の谷間で

「おふでさき」には「心のほこり身に障りつく」とあり、「みかぐらうた」には「病の元は心から」と教えられます。

これは天理教信仰の重要命題の一つでありますが、悟り方に深浅《しんせん》いろいろあって、単純にはいきません。

そのなかにあって避けたいのは、短絡的な受け取り方です。

つまり、現実に病気をしている人はほこりが多く、現在、健康な人はほこりが少ないという受け取り方で、これは親神様《おやがみさま》の思召《おぼしめし》の一面しか見ていないと言えます。

たとえは少々極端になりますが、世の中で悪事を働く人、罪を犯す人は、ほとんどが健康な人です。入院してベッドに寝ている人が、刃物を持って強盗に出かけたり、人を傷つけたりするようなことは滅多にありません。

ここから考えると、健康な人は心づかいが良く、病気の人は心づかいが良くないというのは、事実誤認ではないかと思われます。

教理からしますと、健康か病気かにかかわらず、心のほこりは誰にでもあるのです。違いは、健康な人はほこりが潜在した状態であるのに対し、病人は何らかの意味で、それが顕在化しているというだけではないでしょうか。

そこで、自分は健康だからほこりが少ない、したがって、ほこりを払うことは不要である、などと考えるのは高慢ということになります。

一方、病気で悩んでいる人も、必要以上に悲観するには及びません。いままでの心づかいのあり方を反省する機会が与えられたことに感謝し、ほこりを払いさえすれば良い結果が得られると、むしろ希望を持つことです。

健康な人が陥《おちい》りがちな独善と高慢を戒め、病気の人が落ち込みやすい悲観と焦燥から救い出すはたらきが、天理教の教理に込められていると思います。

ほこりは払えばよい

「心のほこり身に障りつく」というのは、ほこりの心を使っていると、自ら不幸な事態を招くことになるという意味だと思います。

では、そうならないためにはどうすればいいか。

一つは、「ほこりを積まない」ことです。これが、いわゆる戒律ということになるでしょう。戒律は本質的に、不幸を予防する守りの姿勢です。

しかし、教祖《おやさま》は、そういうことをやかましく言われていません。教祖が言われたのは、「ほこりを払え」ということです。ほこりの心づかいを根絶することはできないけれども、日々反省し、払うことはできるはずだと言われているようです。

そして、そのほこりを払う最も普遍的な道として、「人をたすける心」になることを教えられたと考えられます。

では、人をたすける心になることが、なぜほこりを払うことに通じるのか。

物やお金に対して惜しい、欲しいという心づかいが旺盛《おうせい》な間は、人を喜ばせるために、人をたすけるために、それを使うことは困難です。また、人に対して憎い、可愛《かわい》いという分け隔ての心を使っていたら、人をたすけるどころの話ではありません。恨み、腹立ちの心づかいに至っては、到底人だすけと結びつきません。これらの心づかいの根本にあるのが、欲と高慢の心ではないかと思われます。

反対に、たとえ少額でも、不自由している人のために自分のお金を役立てるなら、それだけ惜しい、欲しいという心づかいが払われたことになります。また、言葉で人を喜ばせたら、それだけ憎いなどの心づかいが薄れてゆくことになります。

これを毎日続けて実行していくなら、いつの間にか心が澄んでゆき、それが楽しみとなります。陽気ぐらしは、そういう楽しみから生まれてくるものではないでしょうか。

TENRI MINI GUIDE 天理ミニガイド 5

全教一斉ひのきしんデー

日ごろのひのきしん活動の集大成として、全教のようぼく・信者が、それぞれの土地所で心一つにひのきしんをする日です。各地の名所旧跡、公園や公共施設など、国内外の会場で、報恩感謝の汗を流す教友の勇んだ姿が見られます。この全教行事は昭和７年に始まり、現在は毎年４月29日に実施されています。

富士山を背景に、海岸の美化に取り組む参加者たち

第六章

いんねんと徳

「ほこり」と「いんねん」

映画のフィルムは静止した一コマずつの映像から成り立っていますが、スクリーンに映すと、まとまったストーリーになります。

それと同じように、私たちの日常の小さな心づかいが積もり重なると、「心の道」と言うべきものが形成されます。立派な心の道を通っていければよいのですが、普通の人の心の道には癖・性分《しょうぶん》が反映されるものです。「心のほこり」が積み重なってできた心の道を、「いんねん」と言ってもいいでしょう。

別のたとえで言いますと、次のように考えられます。

水槽に水を溜《た》めようと、水道の水を流しっ放しにしていると、だんだんといっぱいになっていきます。それが青い水なら、溜まる水も青色で、赤い水ならば赤色の水が溜まります。

毎日、あの人が憎いという心を使っていると、次第に自分の心の水槽が憎いという色に染まって、それが抜けにくくなります。そして、いったん憎いという水で心の水槽がいっぱいになると、そこから出てくるのは憎いという心づかいになります。

これが「心のほこり」と「いんねん」の関係ではないかと思います。

酒好きで、毎日飲んでいるうちに依存症のようになり、そのうちに、健康に悪いと知りつつも、お金があってもなくても飲まずにいられないようになるようなものだとも言えます。

こうなりますと、酒好きが自分の癖・性分だから仕方がないといっても、それが破滅の道に通じているのなら、ここは一つ、思いきった転換が必要です。

自分はどういう心の道を通っているのか。この道は幸せへの道か、不自由・不幸に通じる道なのか。自分の癖・性分を、時には冷静に反省し、必要とあれば、少々苦痛を伴おうとも軌道修正することに努める。これが信仰の歩みであります。

いんねんの切り替え

「好きがいんねん」と教えられますが、思い当たることの多いお言葉です。

働くことが好きな人もあれば、遊ぶのが好きな人もあります。酒好きもあれば、ギャンブル好きもあります。そこで、その人が何が好きであるかを見れば、おおよその性格が分かりますし、将来の姿も、ある程度予測できるというものです。

酒が好きであるといっても、それが直ちに悪いいんねんというわけではありません。適量を超えても飲まずにいられない人、借金をしてでも、妻子を嘆かしても飲みたい人、ドクターストップがかかっているのにやめられず、身体《からだ》をこわしていく人、果てはアルコール依存症になっていく人。こういう不幸な運命に結びついてゆくほど酒におぼれてしまったら、それは悪いいんねんということになります。

自分でブレーキが利かなくなっており、心の自由が、好きなもののために占領され、支配されてしまっているからです。

そういう人が大決心をして酒をやめ、別の有益なものが好きになりますと、その人のいんねんが変わってきたと言えます。

好きなものが嫌いになり、嫌いなものが好きになる。この歩みを、いんねんの切り替えと考えてもいいと思います。

人間は自己中心的で、自分にとって都合のいいことが好きです。

しかし神様は、人をたすける心になることを勧められます。つらいことでも「たんのう」するようにと諭されています。「ひのきしん」をせよ、とも言われます。

これらはあまり気が向かないものかもしれませんが、だんだん好きになり、自分の欲望を満たす生き方がむしろ嫌いになってゆくならば、それは鮮やかにいんねんが切り替わっていく姿であり、これが信仰の歩みであると言えるでしょう。

難儀するのも心から

同じ年に同じ学校を卒業して、社会人としてスタートした。ここまでは同じ条件です。しかし、ものの十年も経《た》つと、それぞれの境遇は違ってきます。たいていは中堅として頑張っているでしょうが、なかには亡くなった人や、犯罪に走った人などがいるかもしれません。

同じ兄弟でも、成功者もいれば、持て余し者もいたりします。どうしてこういう運命の違いが出てくるのか。それは、銘々の「心の道」が違うからだ、というのが天理教の基本認識です。そして、その心の道を「いんねん」と言うのです。

心の道は自分の道であって、人からもらったり、人にあげたりすることはできません。目に見えない心の道が、その人の人格です。

言葉を換えますと、自分から発したものは自分に返ってくるのです。良い運命も悪い運命も、第一義的には自分の責任であり、自分がつくったものです。

ところが、人間は得手《えて》勝手なもので、良い運命に巡り合いますと、自分が努力したからだと自負するのに、悪い運命に陥《おちい》りますと、世の中が悪いせいだと、責任を外部へ押しつけたくなります。あるいは、世の中は不条理だと非難したくなります。

しかし、「みかぐらうた」では「なんぎするのもこゝろから　わがみうらみであるほどに」（十下り目　7）と教えられています。

これはすなわち、難儀するような運命になったのも、自分の心の道のせいであることを深く考えなさいということであって、それを忘れて、他人や世の中が悪いと恨むのは筋違いであり、根本的な解決にはならないと言われているのです。

このお言葉は、人間に対して、いささか厳しすぎると思う人もあるかもしれませんが、自分や世の中に甘えていては解決にならないことも事実です。

難儀と苦労は違う

親神様《おやがみさま》は、「難儀するのも心から」と厳しくけじめをつけられる一方で、「なんでもなんぎハさゝぬぞへ　たすけいちじよのこのところ」(五下り目　7)、あるいは「ふじゆうなきやうにしてやらう　かみのこゝろにもたれつけ」(九下り目　2)と、励まし慰められます。

ここで考えたいことは、難儀・不自由といっても、それは必ずしも客観的基準がないということです。また、人によっても違います。暑いのが難儀だという人もあれば、暑いのは平気だが寒いのは困る、という人もいるわけです。

一般的に、暑いのが難儀だ、寒いのが難儀だと言っている間は、永久に難儀はなくなりません。月給が少ないのが不自由だ、病気は不自由の極みだと逃げていても、そういう形の不自由は、完全になくなることはないと思います。

しかし、これを心のあり方から考えますと、同じ事柄でも内容が違ってきます。たとえば貧乏でも、それが自分のいんねんから来るものであれば、いんねんの自覚ができない間は難儀です。けれども、これをきっかけとして、一生懸命に勇んで働く人にとっては、将来の希望があるというものです。

また、子供を育てるのに親は大変な苦労をします。外から見ると難儀です。しかし、愛情のある親にとっては難儀ではなく、子供のために自分が不自由しても、むしろ喜びに連なります。

人間は、自分のことだけを考えているうちは、難儀だなあ、かなわんなあと、負担に思うことが絶えません。

けれども、子供のため、人のために難儀を背負うとき、難儀は苦労となります。そして、そういう苦労は話の種《たね》となり、いつかわが身の幸せとして返ってきます。

難儀を避けたいと思う人には難儀が増え、苦労を求める人には苦労が少なくなるようです。

病弱にも利点がある

天理教では、生きる目的をひと口に「陽気ぐらし」と言いますが、ある人はこれを英訳して「ポジティブ・フィーリング」としました。万事について積極的な受け取り方をし、そのように行動することと解したのです。

財布に一万円あるとします。「わずか一万円しか残っていない。これでは何もできない」と、悲観的に受けとめるのはネガティブ・フィーリングです。それで不安に思い、不足するとすれば、「不足は切る理」で、運命の芽が切れていきます。

これに対し、「まだ一万円ある」と受けとめることのできる人は、気分が明るくなります。これは「たんのう」に通じる心づかいで、こういう人はだいたい良き運命を開拓していける人です。

パナソニックの創業者である松下《まつした》幸《こう》之助《のすけ》氏は、あるとき、自分が成功した理由を三つ挙げ、①貧乏な家に生まれたこと、②学歴がなかったこと（尋常小学校四年で中退と聞きます）、③身体《からだ》が弱かったこと、と言っています。

貧乏で、お金がないと思って悲観したり、親を恨んだりする。これは起こりやすい反応ですが、貧乏であったから悪い習慣が身につかず、努力する意欲が湧《わ》くと受け取れば、決して貧乏は悲観材料になりません。

また、学歴がなくても、社会では生きた勉強ができます。学歴がないから真剣にできるのです。さらに、身体が弱いから節制し、かえって健康を保つことができます。

「ない」と思うところを「ある」と思えるようになる〝心の力〟を、徳と言ってもいいでしょう。

心の徳も増減する

天理教の信仰者は、朝夕のおつとめで「あしきをはらうてたすけたまへ　てんりわうのみこと」と繰り返し唱えて祈念します。毎日、悪い心づかいを払うことに努力しますから、親神様《おやがみさま》のお力添えによって幸せを与えてください、という気持ちであります。

幸せになる心の資格をつくることに努めますから、あとはよろしくお願いしますという、親神様にお任せした気持ちでもあります。

言葉を換えると、これは「心も形も良い」状態を願っていることになります。

信仰を始めたころは、心も形も悪かったけれども、心をつくることに長年努めた結果、身体《からだ》は元気になり、経済的にも恵まれるようになったというのが「心も形も良い」ということで、偶然に恵まれた状態ではないところに値打ちがあります。

信仰した甲斐《かい》があったと実感できるのは、こういうときです。

これは理想でありますが、油断はできません。心も形も流動的なもので、これでおしまいというわけにはいかないからです。

安定した幸せに慣れてしまいますと、いつしか、自分が幸せに暮らせるのは自分に徳があるからだ、などと思うようになります。そして、心の悪《あ》しきを払う努力に真剣さを欠くようにもなります。

ここに、一度は釣り合っているように見えた心と形のバランスが崩れることになります。

自分では徳があるように思っているけれど、親神様から見たら、徳以上に形のうえのご守護を頂いていると判定されることも起こります。

どんなに良い建物でも、気をつけて点検し、絶えず補強したり修理の手を加えたりしなければ、長持ちしません。徳も同じことで、毎日悪しきを払うことは、補強するようなもの。これを怠《おこた》っていると、いつしか不幸の兆しが現れてもやむを得ない、ということになるでしょう。

徳と能力のバランス

古代ギリシャでは、徳とは能力のことだと考えられていました。すなわち、馬には早く走るという徳が、鳥には空を飛ぶという徳があり、それで生きてゆくことができるとしたのです。

人間にもいろいろな徳がありますが、ソクラテスは、知恵を愛するという能力が最高のものと考えたようです。つまり、徳は精神の高貴性と不可分であるとしたのです。

物質化した現代人の生活にとっても、徳は能力を意味します。出世した、金持ちになった、立派な家を建てたとなると、その人に能力があったことは確かです。そういう人を、世間では得てして「徳があった」と言います。

しかし、そういう徳の評価のなかには、精神の高貴性があまり含まれていません。

大金持ちになったという結果から見れば同じでも、そのために悪どい手段でのし上がった人もいるでしょうし、周辺を喜ばせながら成功した人もいるでしょう。前者は、能力はあっても徳があったとは言いにくく、したがって敬意を払われません。

天理教の場合、生き方の最高指針の一つは「人をたすけて、わが身たすかる」ということで、これには精神の高貴性に通じるものがあります。

成功という結果だけを重視するのではなく、それまでの過程で、どれだけ人を喜ばせ、人をたすけてきたかということを尊重するのです。

手段は重要ではない、成功すれば勝ちだという主義の人は、「人を倒して、わが身栄える」という哲学の信奉者で、親神様《おやがみさま》の目には残念な姿と映っているかもしれません。

たとえ世界有数の経済大国であっても、もしや世界からそれほど敬意を払われていないとしたら、徳と能力の関係について、深く考えるところが少なかったのかもしれません。その国全体の反省が問われていると言えるでしょう。

徳と教祖のひながた

仏教では釈迦《しゃか》を、キリスト教ではイエスを、唯一最高の人とします。言い換えると、徳ある人のモデルと考えているのです。

天理教では、教祖《おやさま》がモデル（ひながた）になります。外面から見ますと、教祖は貧に落ち切られたり、近所の人から笑われたり、子供を早く亡くされたり、たびたび警察へ御苦労くださったりで、良いことはほとんどありませんでした。

しかし教祖は、「神のやしろ」と定まられた方です。親神様《おやがみさま》によって、世界一れつの人間をたすけたいという思召《おぼしめし》を託された唯一の方です。身体《からだ》は通常の人間と変わらなくても、その心は親神様そのままです。

また教祖は、神のやしろと定まられてから五十年間、ひたすらその使命を果たされました。いかなる困難な道をも歩み抜かれました。その結果、たくさんの人々がたすかりました。それだけではありません。いまも存命ではたらかれており、教祖を慕う人が世界中から集まってきます。

この教祖を基準にすると、天理教の場合、徳のある人とは、どんな人を言うのでしょうか。

一は、親神様の思召が分かる人が、すなわち徳のある人ということになります。二は、分かっただけではなくて、それを生涯にわたって実行できる人です。三は、その結果、人がたすかってゆく姿を見せていただける人です。

言い換えますと、人をたすけたいという心が強く、それを実行に移して飽きないというタイプの人が、天理教では最も望ましい人ということになるでしょう。

これは、世間一般で考えられている徳の概念とは相当違っています。天理教信者の間でも、全面的な賛同は得られないかもしれません。しかし、こういうタイプの人が真に重んじられるようになったら、社会の姿も大いに変わってくることでしょう。

徳といんねんは裏表

徳というのは、別の観点からすると、いんねんと切っても切れない関係にあります。すなわち、徳のある人というのは、いんねんの善《よ》い人であり、徳のない人というのは、いんねんの悪い人と言い換えられるようです。

「いんねんというは心の道」と教えられます。そして私たちの人生は、一人ひとりの心の道が表に現れたものと考えられます。

たとえば、腹立ちの多い性格の人の人生と、何かにつけて寛容な人の人生は、随分違います。これは心の道が違っているからです。

また、「いんねん寄せて守護する」とも教えられています。その心の道にふさわしいような者が組み合わされて、人生が成り立ってくるということです。

そこで、いんねんの善い人は運が良く、いんねんの悪い人は運が悪く見えるということが起こってきます。これは必ずしも偶然ではありません。

ところで、天理教にふれ、入信するというのは、いんねんが善いと言えます。なぜなら、人間たすけたい一条のお心ではたらいてくださっている親神様《おやがみさま》につながることができたという、運の良さを得たからです。

自分は病気で苦しんでいるときに話を聞いて、入信する気になったのであって、病気で苦しまねばならないのは、いんねんの悪さを意味している、と考える人もおられますが、これは表面にとらわれた考えです。

病気をするのは、月に雲がかかるようなもので、一時の姿です。悪いのは、病気をしたとき、苦しむだけで何の得るところもなく人生を終わることです。

しかし、病気はしたけれども、親神様のお心を知ることができたなら、生涯という長い目で見ますと、病気の苦しみをはるかに上回る生き甲斐《がい》を見つけたことになります。だから、動機はどうあれ、信仰できる人は、いんねんの善い人、徳のある人です。

喜びと感謝の世界へ

縁あって天理教に入信した人は、親神様《おやがみさま》のお心を知ることができるようになったという意味で、徳のある人であり、いんねんの善《よ》い人です。

しかしこれは、素質的に見て、いんねんが善いということであって、その素質が次第に発揮され、陽気ぐらしを味わえるようになるには、それなりの時間と道筋が必要です。入信はあくまで陽気ぐらしへの手引きであって、入信イコール陽気ぐらし、とは言えません。

『天理教教典』の後篇は、いかにすれば陽気ぐらしを味わえるようになるかという実践の歩み方を記述したものと言えますが、それによりますと、第六章「てびき」の次が、第七章「かしもの・かりもの」となっています。すなわち、天理教に入信すれば、人間の心と身体《からだ》の関係についての真実が分かってくる。これが信仰の歩みの出発点であると説かれているのです。

入信前は、身体は自分のものであり、人間は自分の力で生きているという思いのなかに生きていました。

しかし、入信して話を聞かせてもらうと、人間の身体は自分のものではなく、親神様の貸しものであり、心一つが自分のものである。その意味で、人間は生きているのではなく、生かされているのであるという思いに転換します。

これは小さいようであって、実に大きな転換です。

生かされているという思いが深くなるにつれて、喜びと感謝の念が自然に生まれてきます。

いままで不足や愚痴《ぐち》で暮らしていた人が、毎日を喜びと感謝の心で生きることができるようになり、それが生涯積み重なっていくとすれば、その結果は大いに違ってきます。

このように、喜びと感謝で暮らせるようになることが、徳のある生き方の証明であり、いんねんが善くなっていく姿なのです。

日常性の陽気ぐらし

親神様《おやがみさま》は、人間が陽気ぐらしするのを見て共に楽しみたいという思召《おぼしめし》から、この世と人間を創造されたと教えられています。したがって、陽気ぐらしが人間の生きる最終目的であって、これは理屈を超えたものであります。

天理教は、個人はもとより、あらゆるレベルで陽気ぐらしができる世の中にしたいというのが、その目的です。

では、天理教に入信したら、すぐに陽気ぐらしができるようになるのか。これはイエスでもあり、ノーでもあります。

陽気ぐらしへ至る筋道を知ることができたという意味においては、イエスであります。しかし、筋道を知ったからといって、すぐに陽気ぐらしを味わえるようになるかというと、ノーです。知ることと身に味わうことの間をつなぐのが実行で、信仰というのは、この実行の歩みを指して言うのでありましょう。

信仰すれば、すぐに何らかの形でご利益《りやく》がある。こういうインスタントな信仰は、人間にとって望ましいように思えますが、それが陽気ぐらしに結びつくかどうかは疑問です。

たとえば、病気で苦しんでいた人が信仰のおかげで良くなったとします。それを喜び、感謝するのは当然のことですが、その後、自分の人生観を変えることを忘れ、いままでと同じような生き方を続けていたら、陽気ぐらしにはなかなか近づけないようです。

人間は、朝起きて顔を洗い、食事をすませて働きに出る。夜は家に帰って休む。その間、呼吸をし、排泄《はいせつ》もする。そんな平凡なことを繰り返しています。特別なことは、たいてい良くないことです。

陽気ぐらしもそれと同じで、特別なことのなかにあるものではありません。平凡な日常のなかに、生かされている喜びをしみじみ感じられるようになることが、陽気ぐらしの本筋でしょう。

TENRI MINI GUIDE 天理ミニガイド 6

こどもおぢばがえり

毎年７月26日から８月４日（立教179年・平成28年は８月５日）まで、全国各地や海外から20万人以上の参加者が集まります。おぢばに帰ってきた子供たちが、工夫を凝らしたさまざまな行事を通して、「生きるよろこびを味わいます」「ものを大切にします」「仲良くたすけあいます」の〝三つの約束〟を身につけることを目指しています。

日ごろの練習の成果を親神様《おやがみさま》・教祖《おやさま》にご覧いただく「鼓笛お供《そなえ》演奏」

第七章

信仰

社会的条件の成熟

教祖《おやさま》は、人間の希望に満ちた未来像を示し、それを一括して「めづらしたすけ」と言われました。百十五歳定命《じょうみょう》、そして、それまで「病まず、死なず、弱らず」に暮らせるようにしてやりたいというのが、その代表的なものです。

しかし、その夢はなかなか実現しそうにありません。

では、「めづらしたすけ」は所詮《しょせん》、夢であるのか。こういう疑いの心も起きてきますが、よく考えてみれば、簡単に実現しないのが、かえって親神様《おやがみさま》の親心ではないでしょうか。

わずかの間に、誰でも百十五歳まで長寿を保てるようになれば、現在のレベルの社会保障制度は崩壊するでしょう。また、いまでも老後を持て余しているのに、百十五歳ということになれば、どう過ごしていいのか分からなくなります。夢がかえって負担になるおそれが大です。

したがって、速度はゆるやかでもいいから、長い時間をかけて社会的条件を整える一方で、個人としても、内容の充実した、しっかりした生き方を身につけることが先になります。この準備なしに夢だけがかなえられても、それは陽気ぐらしに結びつかないと思います。

こうした個人の〝心の準備〟のことを、原典では「心を澄ます」と言われているのだと思います。そして、これが世界中の人間に及ぼされていくことを親神様は期待され、「世界中の胸の掃除」をするとも仰せになっています。

人間は未完成の存在です。殊《こと》に、心は未完成です。けれども親神様の思召《おぼしめし》を理解し、心を澄ますことに努めるならば、その間に、社会的条件も次第に成熟し、その果てに「めづらしたすけ」の世界が開けてくるのだと教えられていると思います。

おつとめの最初に唱える「あしきをはらうてたすけたまへ」というお歌は、そういう姿勢を示していると思われます。

信仰者の社会的責任

天理教信仰の目的は「陽気ぐらし」にあります。そして、天理教の教理およびすべての実践項目は、この陽気ぐらしに関係し、集約されています。

ところで、陽気ぐらしをどういうレベルで考えるか、それが問題です。自分さえ幸せになればいい、わが家さえうまくいけば満足というのでは、銘々勝手の陽気であって、親神様《おやがみさま》の望まれる姿とは違います。

第一、そんなことは成り立ちません。早い話、いくら自分が幸せであっても、戦争になる、大地震が起こる、などとなれば、個人の小さな幸せは、たちまちどこかへ吹き飛んでしまいます。

個人が陽気ぐらしを味わうためには、陽気ぐらしを保証するような社会が同時に必要です。

個人の幸せは他人と密接不可分な関係にありますから、共に陽気ぐらしを味わえるような社会づくりに献身する人、このようなタイプの人を、教祖《おやさま》は「里の仙人」と言われ、そうなるよう努力することを望まれました。

別の言葉で言いますと、「人をたすけて、わが身たすかる」ということです。隣人の不幸を黙って見すごすようなことをせず、何からでも、その人がたすかっていくように努めることが、やがて自分の幸せとなって返ってくる。これが本当の生き方だと教えられたのです。

一人でも多くの人が、陽気ぐらしを楽しめるような社会づくりに力を尽くす。これが、信仰者の社会的責任ということになるでしょうか。

天理教の立教は、「世界一れつの人間をたすけたい」という親神様の思召《おぼしめし》から始まりました。その実現のためには、信仰者が社会的責任をよく自覚することも大切だと思われます。

心づかいの社会的影響

何かにつけて愚痴《ぐち》が多く、人に会うと家人に対する不足をこぼす婦人がいました。近所の人は、彼女に「グチラ」という名を奉《たてまつ》って敬遠していました。その破壊力は怪獣並みで、聞いていて憂鬱《ゆううつ》になるというのです。

一人の不足は、周辺に暗い影響を及ぼします。単に個人の範囲にとどまらないのです。反対に、どんな苦しいときでもニコニコして頑張っている人がいたら、その笑顔は周辺に好ましい効果を与えるでしょう。

前者を消費的、非生産的な性格の人としたら、後者は建設的で生産的な人です。天理教の信仰は、後者のタイプになることを目指します。

「をしい・ほしい・にくい・かわい・うらみ・はらだち・よく・こうまん」という「八つのほこり」は、自分のみならず、世の中に貢献することの少ないマイナスの心づかいです。そして、そうした心づかいを反省し、自分も喜び、他人《ひと》も喜ばせるような心づかいに切り替えていく人は、プラスの人生を送る人です。

プラスであれ、マイナスであれ、一日という単位では、さしたる違いはありませんが、生涯を総計すると、その差は莫大なものとなるでしょう。

マイナスの心づかいをする人の多い社会は、ムダなことに出費が多く、経済的にも損失を招きます。親神様《おやがみさま》の思召《おぼしめし》を理解し、それに沿った心づかいをする人の多い社会は、自然に安定し、ムダが少なくなります。

信仰の基本は、個人の心づかいを良くすることです。言い換えると、生活姿勢を正しく生産的なものにすることです。それだけで不足は減り、余計なトラブルもなくなり、犯罪は減少します。

その意味で、信仰は良好な社会のコンディションをつくり出す〝土壌〟の役割を担っていると言えます。

個人と社会との関係

信仰というのは、もともと個人の心のなかの営みであり、神様と人間の対話であります。また、その点においてで、できるだけ純粋であろうとするものです。これを徹底しますと、宗教は心のありようだけを問題とするのであって、政治や経済とは無関係であるという考え方になります。

天理教の場合で言いますと、親神様《おやがみさま》は、人間が陽気ぐらしするのを見て共に楽しみたいという思召《おぼしめし》から、この世と人間を創《はじ》めたと教えられます。そして陽気ぐらしは、狭義には「心一つ」によって味わえるものです。それが陽気ぐらしの個人的側面であり、主観的側面です。

しかし、いくら個人レベルで陽気ぐらしを味わっているとしても、社会や国家が不安定で、生活が困難であるとしたら、個人の陽気ぐらしは安定しません。これは、戦争や内乱になれば個人の平凡な願いなど吹き飛んでしまうことでも分かるはずです。日本人もかつて、それで苦しみました。そして現在も、その問題に苦悩している人たちが世界各地に大勢います。

個人レベルの陽気ぐらしは、社会レベルの陽気ぐらしと大きな関係があり、大状況を無視して小状況は成り立ちません。

政治や経済というのは大状況です。個人レベルの陽気ぐらしが成り立つためには、どうしても政治や経済がうまくいくことが必要となるのです。

そうした観点から天理教の原典を読みますと、親神様は、個人の陽気ぐらしを保証し安定させるような社会になることを、切に望まれていることが分かります。

個人の陽気ぐらしだけを目指しますと、ややもすれば、自分さえたすかればいいというエゴイズムになっていきます。天理教はそこを突き抜け、互いたすけ合いにより、社会の陽気ぐらしをも目指しているのです。

立教の本旨と現代

天理教の立教の機縁となったのは天保《てんぽう》九年（一八三八年）、中山家で催された寄《よ》加持《かじ》でした。願いのすじは、長男の足痛平癒《へいゆ》です。

ところが、臨時に加持台に立たれた教祖《おやさま》（当時、中山家の主婦）の口から発せられた啓示《おつげ》は、「我《われ》は元の神・実《じつ》の神である。この屋敷にいんねんあり。このたび、世界一れつをたすけるために天降《あまくだ》った。みきを神のやしろに貰《もら》い受けたい」という、思いがけないものでした。

寄加持の動機は、中山家の長男の足痛平癒のためであって、他家のためではありません。いわんや世界一れつ（全人類）のためではありませんでした。

この最初の啓示のお言葉には、「世界一れつをたすける」とはあっても、「長男をたすける」とは、ひと言も言われていません。いわば中山家の人の願望と、親神様《おやがみさま》の思召《おぼしめし》が食い違っていたわけです。さればこそ、このお言葉を承諾するためには、あらゆる人間思案を断ち、一家の都合を捨てる必要があったのです。

これを、現代の私たちに当てはめて考えるとどうなるか。

私たちの信仰の根本動機は、わが身・わが家の幸せです。それは別に差し支えありません。しかし、親神様の思召は、立教以来一貫して、世界一れつの人間をたすけたいというところにあります。食い違いは、いまでも厳然としてあるのです。

これに気づいたとき、どういう態度をとるか。

わが身・わが家の幸せが第一だという考えを捨てきれない間は、親神様に順《したが》うことになりません。普通のご利益《りやく》信心の域にとどまることになります。

そこを決断して、人間思案を断ち、世界一れつをたすけるために、わが身を捧《ささ》げようと心を決めたとき、本当の天理教の信仰が始まるのだと思います。

立教の元一日と入信

天理教の立教は天保《てんぽう》九年十月二十六日ですが、これは、世界一れつの人間をたすけるために天降《あまくだ》った元の神・実《じつ》の神のお言葉を、教祖《おやさま》の夫・中山善兵衛《なかやまぜんべえ》様が、一切の人間思案や一家の都合を捨ててお受けした日を指しています。

初めて親神様《おやがみさま》の啓示《おつげ》を聞かされたのが、それよりほぼ三日前のことです。その日をもって天理教立教の元一日としてもいいのに、なぜ二十六日をもって元一日とするのか。

それは当時、人間の立場を代表して、善兵衛様が親神様の思召《おぼしめし》に順《したが》うことを決心し、その旨ご返事を申し上げたからです。

親神様の思召を聞いたが、それに順うという心が定まらなかったら、以後、親神様のおはたらきは見せていただけないのです。言い換えますと、この人間の決心が立教の土台であると言えます。

天理教の立教の元一日は、中山家の入信の元一日であったとも言えます。では、現在の私たちは、いつをもって入信の元一日とすべきか。

教会長や布教師の口から初めて天理教の話を聞いた日が、入信の元一日なのか。あるいは、最初におぢば帰りをした日を指すのか。それとも、別席を運び、おさづけの理を戴《いただ》いた日を言うのか。

もちろん、それらは入信のかどめであることに違いありません。しかし、それは形のうえのことで、形ができても、親神様の思召に順って生きますという決心ができない間は、本当の意味で入信したことにはなりません。

それだけで終わるなら、十月二十六日以前の姿で、つまり立教以前、入信以前ということになります。

自分は何年も信仰しているけれども、実態は立教以前であるか以後であるか。このような目で、天理教の立教の元一日と自分の関係を点検することも大切でしょう。

入信の構造をさぐる

身上《みじょう》（病気）や事情（生活環境上の悩み）がきっかけとなって天理教の教会を訪れ、たすかる道はないかと尋ねると、教会長はたいてい「分かりました。それでは、おぢば帰りをして、神様のお話を聞かせていただきましょう」と答えることでしょう。

そのとき相談に訪れた人は、自分のたすかることと、おぢば帰りとの間に、いったいどんな関係があるのかと疑問に思うことでしょう。しかしこれは、天保《てんぽう》九年の立教の事情が、現在その人のうえに再現されているとも言えるのです。

立教の機縁となったのは、中山家の長男の足痛をたすけていただきたいという願いでした。それに対する親神様《おやがみさま》の啓示《おつげ》は、足痛をたすけると請け合われたのではなく、「我《われ》は元の神・実《じつ》の神である。この屋敷にいんねんあり。このたび、世界一れつをたすけるために天降《あまくだ》った。みきを神のやしろに貰《もら》い受けたい」という内容のものでした。

これは昔の、一回限りの出来事ではなく、また私たちと無関係なことでもありません。そもそも身上や事情は、親神様が次のように語りかけておられる姿です。「我は元の神・実の神である。このたび、世界一れつをたすけるために、おまえを神のようぼく（用木）として貰い受けたい」と。

私たちの場合、「この屋敷にいんねんあり」という項目は必然性がありません。病気をたすけてほしいという私たちの願いに対し、教会長が「では、おぢば帰りをして、神様のお話を聞きませんか」と答えるのは、その人がようぼくとしての道を歩む第一歩になるからであり、その歩みのなかに、その人がたすかるということが含まれているからです。

してみると、立教の元一日と私たちの入信の事情は、似た構造のもとにあると言えます。

いんねんの善し悪し

病気をする、経済的に恵まれない、家庭に心配事が絶えない。こんなとき、人はよく、「自分はいんねんが悪い」と言います。

悪いいんねんが善《よ》いいんねんに切り替わっていく、それがたすかるということであり、天理教に入信するのは、そのようになりたいと願うからです。

この図式を狭く取って、自分はいんねんが悪いから天理教の信仰をするようになったと考える人がおられますが、これは考え違いだと思います。

この考えのなかには、病気でなかったら信仰などしなかったのに、という思いや、病気が良くなったら信仰も終わりだ、という思いがひそんでいます。

しかし、病気が続く、貧乏から抜け出せないという姿は、悪《あ》しきいんねんの現れですが、それは一時の姿であって、その人の魂全体が悪いいんねんに染まっているわけではありません。月に雲がかかるようなもので、しばらくすると雲は晴れ、月の輝きは明らかになります。

親神様は、その人の魂の輝き、素質を見込んで、信仰の道に引き寄せられるのです。すなわち、いんねんが善いから信仰できるようになったのです。

第一、いんねんが善くなかったら、親神様のお心が分かりません。

「おふでさき」に、「にんけんの心とゆうハあざのふて　みへたる事をばかりゆうなり」（三 115）と指摘されています。

病気ばかりしていますと、自分を過小に評価し、少し調子が良いと過大評価して、ともに親神様を忘れてしまいます。

天理教の信仰は、それらの心づかいから離れ、自分こそ親神様の子供であると自覚し、また、それにふさわしい人間になろうと決意することから始まるのです。

〝やさしい心〟を待望

双六《すごろく》でうまくサイコロの目が出て終点に入りますと、これで「上がり」になります。マラソンでもゴールに到達すれば終わりで、まだ後ろに走っている人のことを気にしなくてもいいことになっています。ゲームやスポーツのルールは、こんなものです。

けれども、天理教という信仰のルールは、それとは違います。

病気が良くなった、家庭の事情が治まった。これも神様のおかげだと喜ぶのは自然の感情で、別に悪いことではありません。しかし、その域にとどまり、一人で満足していたら、双六と同じことです。ゲームならいいが、人間の生き方としては不十分だと親神様《おやがみさま》は言われます。

なぜなら「人をたすけて、わが身たすかる」というのが、天理教信仰の基本ルールだからです。

「みかぐらうた」に、「むごいこゝろをうちわすれ　やさしきこゝろになりてこい」（五下り目　6）と教えられます。

自分さえたすかればいいという利己心が「むごい心」です。そのむごい心から、わが身の利益のためには他人を犠牲にしてもやむを得ないという思いが自然に出てきます。生存競争の勝者が持ちやすい思想です。

これでは、強い者、勝った者だけが幸せになる権利があると言っているようなものです。

しかし、そんな思想は旧時代のもので、親神様は「やさしい心」になって、たすけ合って生きるようになれ、そうすれば、どんな守護も請け合う、と言われます。

人間はみな親神様の子供であり、世界一れつは兄弟姉妹《きょうだい》であるという真実に基づいて行動すること。これが、やさしい心を生み出す元となります。自分と他人は別だ、日本人と他民族は違うなどと思っている間は、やさしい心はなかなか生まれてきません。信仰の宿題は、ここにあります。

信者のつとめの基本

新約聖書の「マタイによる福音書」(第二二章)に、次のような一節があります。

イエスは言われた、「『心をつくし、精神をつくし、思いをつくして、主なるあなたの神を愛せよ』。これがいちばん大切な、第一のいましめである。第二もこれと同様である、『自分を愛するようにあなたの隣り人を愛せよ』。これらの二つのいましめに、律法全体と預言者とが、かかっている」。

この愛のおきてが、キリスト教信者の最高のつとめであるとしたら、天理教信者の最高のつとめは「人をたすける」ことであり、「人をたすける心」になることであります。

農家の主婦であった教祖《おやさま》が「神のやしろ」に定まられたのが天保《てんぽう》九年(一八三八年)で、この年をもって天理教の立教としています。

神のやしろとは、「おふでさき」によると「口は人間、心月日《こころ》」ということです。身体《からだ》は通常の人間と異なるところはないが、心は親神様《おやがみさま》のお心そのものであるということです。親神様のお心とは、人間たすけたい一条のお心です。

ここからしますと、教祖は「人をたすける心」の完全な体現者ということになります。

天理教の信仰をするというのは、その教祖のお心を自分の心として生きる道を歩むことです。だから、人をたすける心になり、それを実行することが、教祖に近づくことになります。つまり、人をたすける心になることが、天理教信者にとっての最高の価値なのです。

人をたすけるといっても、大げさに考えると難しくて、自分にはとても実行できないということになりやすいものです。

まずは、夫は妻をたすける心になる、妻は夫をたすける心になる。まずは身近なところで、日常的に実行できる事柄を見いだしていくことが、天理教信者の大切なつとめだと言えるでしょう。

TENRI MINI GUIDE 天理ミニガイド 7

天理図書館・天理参考館

世界の生活文化を紹介する、天理参考館の展示室

天理大学の附属施設として、図書館と博物館が併設されています。天理図書館は、国宝6点をはじめとする約146万冊の蔵書を有し、質・量ともに日本屈指の図書館として、その名は広く知られています。天理参考館は、世界各地の生活文化・考古美術資料約30万点を所蔵し、その中から常時約3千点を展示しています。

第八章

かしもの・かりもの

健康の元は心から

「病の元は心から」と教えられていますが、よく考えますと、「健康の元は心から」ということも、同じ程度に成り立つと思います。

身体《からだ》は親神様《おやがみさま》からの借りもので、心一つがわがものであり、その心からすべての理が現れてくると教えられます。すなわち、病気になるのも、健康に過ごせるのも、心一つから発しているのであります。

けれども、表面的に浅く受け取ると、すべての現れてくる姿のなかにこもる親神様のお心を読みそこなうことになります。

たとえば病気のとき、これは親神様に叱《しか》られたのだというふうに受け取るだけでは、人間たすけたいという、より大きな親心を見失う結果となり、信仰が暗い悟りになってしまいます。

反対に、自分は二十年も三十年もずっと健康だから、心づかいを反省しなくてもよいと過信するのも誤りです。私たちは平均して、心づかいがよろしくないにもかかわらず、健康のご守護を頂いていると思います。

したがって、病気になったからといって悲観する、健康だからと高慢になり感謝することを忘れる、この両方とも不十分であると言えます。

過去に、天理教の布教は、病人を主たる対象として進められてきました。難儀している人をたすけるという意味で、これは大切なことですが、あまりにそれに偏《かたよ》りますと、健康人は天理教の信仰とは無関係だとか、元気なときは真剣にならずともやっていけるというような誤解が生じます。

身体は健康でも、心が病んでいる人、いつ病気になっても不思議ではない心づかいの人が、たくさんいます。

こういう人たちに教えを知っていただくのに、「健康の元は心から」という悟り方も大切になってくると思います。

老病死と陽気ぐらし

「若くて元気なときは楽しいが、人間はいずれ老衰し、病気になり、最後には死ぬ。だから、この世は所詮《しょせん》、苦の世界である」という思いから、インド仏教が始まりました。老病死が避けられないから、この世で陽気ぐらしはできないという思想です。

しかし、人間には心というものがあります。同じ月を見上げても、失恋者は涙をこぼし、科学者は夢をふくらませます。

老病死という運命は同じであっても、受け取り方は一つではありません。もう先が短いと嘆く老人もいれば、これから好きなことができると張りきる老人もいます。

病気になって悲しむのも心なら、平静に耐えるのも心です。死の日を迎えて恐怖におののくのも心なら、その日まで健康に過ごせたことに感謝し、喜びを見いだせるのも心です。

老病死それ自体が幸福と不幸を決定するのではなく、それに立ち向かう心のありようが幸・不幸を左右するのです。

天理教の信仰は、その心をつくる勉強をすることです。

一方、「おふでさき」では、いつか「病まず死なず弱らず」という日が来ると示されています。これを「めづらしたすけ」と言い、神の望みは、この境地を教えてやりたいことにあるとまで言われます。

しかし、そういう世界を見せていただくには、人間の心が澄みきるという条件が必要です。

そこで、まだほこりの心づかいがいっぱい残っている現在の私たちにとって、老病死のなかに、子供である人間をたすけてやりたいという親神様《おやがみさま》の親心を発見しつつ生きていくのが、その道でありましょう。しかし、それは別に悲観すべきことではなく、心次第によって陽気ぐらしは十分に味わえるのです。

古今東西変わらぬ真実

「かしもの・かりものは教えの台」と聞かされます。また、「おふでさき」には「めへ／＼のみのうちよりのかりものを　しらずにいてハなにもわからん」（三 137）と歌われています。反対に言いますと、身体《からだ》は神からの借りものであるということが分かったなら、人間に関することはすべて分かったに等しい、と言われているのです。

したがって、かしもの・かりものの理（教理）は、天理教信仰の出発点であり、すべてであると言えます。こういう観点から、これに関するさまざまの悟り方を紹介していくことにします。

最初に、「かりもの」に似た思想にふれておきたいと思います。それは儒教の、身体は親から授かったものというとらえ方で、だから身体を大切にすることが親孝行の始まりだというのです。

しかし、天理教では、私たちの身体は両親からではなく、親神様《おやがみさま》からの借りものであるということで、そこが根本的に違います。両親の身体も、親神様からの借りものであり、自分のものではないとするのです。

こうした徹底した普遍性に立つのが〝かりものの思想〟で、これには例外はありません。プロレスラーのたくましい身体も借りものであり、百歳のおじいさん、おばあさんの身体も同じく借りものであります。

宗教を異にしていても、身体に関しては、親神様からの借りものであると考えます。ただ、親神様という観念が明確にないだけのことです。また、時代によって変わるというものでもありません。古今東西を通じて、かしもの・かりものの理は一貫して真実であるということです。

つまり、天理教の教えを信じている人の身体だけが借りものではありません。すべての人間は親神様の子供であり、同じ構造のもとにあるのです。

老病死は信仰の入り口

人間の身体《からだ》が持っている根本的欠陥を正面から見据え、それをもって宗教への入り口としたのが、原始仏教であると言えます。

その欠陥を端的に言いますと「老・病・死」です。

人間は生まれたとき、おめでとうと祝福してもらえます。若い間は生きることに楽しさを感じることができます。しかし、次第に体力が落ち、太陽が沈むように老衰し、最後には死を迎えます。これは誰もが避けられないコースであり、いまだかつて、この運命を免れた人はいません。

老いるのは苦しみであり、病むのは苦しみであり、死ぬのはなおの苦しみです。しかも、この苦しみがいっそう募るのは、人間には、いつまでも若くいたい、ずっと健康でありたい、できるものなら死にたくないという思いがあるからです。

この思いはどこから出てくるのか。突きつめると、身体は自分のものであるという観念から出てくるようです。老病死は、この観念を否定する現実ですから、そこに苦しみが生じるのです。

仏教の開祖・釈迦《しゃか》は、この身体は自分のものであるという観念を、迷いの元とし、我執《がしゅう》とも無明《むみょう》とも言ったと思われます。

釈迦が生涯かけて追求したのは、この身体は自分のものであるという観念をいかに克服するかということであり、老病死という苦悩を持つ人間が、いかに幸福を味わい得るか、その道は果たしてあるのか、ということだったに違いありません。

このように考えますと、原始仏教の教えは、天理教の身体観、すなわち「かしもの・かりものの理」の前半部分に相当する側面を、極限の形で追求したものと受け取れます。また、それゆえに、天理教にとっても重要な点を含むものと考えられるのです。この世の真実に、古いか新しいかの差はないのです。

神の存在証明への道

人間の身体《からだ》は自分のものではなく、親神様《おやがみさま》の貸しものであり、心一つがわがの理であるというのが、天理教の「かしもの・かりものの理」の根本です。これは古今東西を通じて不変であります。

ところで、カトリック神学には、推理によって神の存在を確かめる道として、神の存在証明という分野があります。現在においても『公教要理』には、ちゃんと記述されていますが、かしもの・かりものの理は、実は天理教における神の存在証明の一つになっていることに留意したいと思います。

かしもの・かりものの理は、親神様という観念を抜きにしては成り立ちません。したがって、かしもの・かりものの理を認め、納得することは、「私はいま、こうして生きている。これが親神様の存在する証拠である」と言っているのと同じことになると思います。

そこで、身体が借りものであるということを真実として認める度合いが深まれば深まるほど、その人の心に、親神様の存在の度合いが深まっていくということが起こります。反対に、親神様の存在についての確信が薄らぐにつれ、身体は借りものであるという思いが薄れて、身体はやはり自分のものだという思いが強くなっていくと思います。

神の存在証明といっても、論理一本槍《やり》ではないところに面白さがあるというわけです。

このように考えてきますと、私たちが生きていることには重大な意味があります。つまり、私たちが、親神様によって生かされている生命であり、身体であることを自覚し、親神様に感謝して生きる道を選ぶと、それがすなわち親神様の輝きを増すことになるのです。人間が陽気ぐらしするのを見て共に楽しみたいという親神様の思召《おぼしめし》は、人間創造の際のみならず、現在も一貫して流れていると思います。

借りものから喜びが

人間の身体《からだ》は、自分の所有物ではなく、親神様《おやがみさま》からの借りものであり、心一つがわがものであるというのが天理教の根本教理で、これを「かしもの・かりものの理」と言います。

借りものという表現のなかには、いつかは返さねばならないときが来るということが含まれています。それが、いわゆる死です。

そこに至る過程においては、老化とか病気などの現象が起こってきます。

人間の身体には、こういう老病死という避けがたい宿命があり、誰もが苦しみを味わうことになる。それなら、身体ははかないものだと初めから覚悟して掛かったほうがよいという悲観的な考え方もありますが、天理教では、そういう見方は採《と》りません。

身体には重大な制約があるとしても、それをはるかに上回る恩恵があると考え、それに喜びを見いだすのです。

いつか死ぬときが来るなどと、先のことを過大に考えず、今日こうして元気に生きていられるのは親神様のおはたらきがあればこそであると、感謝して生きることを重んじるのです。

将来を悲観して恐る恐る生きるか、今日一日を喜びと感謝をもって生き、それを生涯積み重ねていくか、その差は大きいと思います。

また、毎日を喜びと感謝でもって生きていくなら、「喜びには喜びの理が回る」というわけで、それだけ健康も増進し、ひいては長寿にもつながっていくものと思われます。

それだけではありません。健康なときを喜ぶだけではなく、病気のときにもまた喜べる道があることを、かしもの・かりものの理では教えられています。そして、これを体得することが、信仰の一つの要《かなめ》であるのです。

〃結構源さん〃の神髄

天理教河原町《かわらまち》大教会を創立した深谷源次郎《ふかやげんじろう》は、天保《てんぽう》十四年（一八四三年）生まれで、京都で「丹源《たんげん》」という鍛冶屋《かじや》をやっていました。

天理教に入信したのは明治十四年（一八八一年）秋で、三十八歳のときのことです。翌年、真っ赤に焼けた鉄屑《てつくず》が目に入って危うかったところ、生涯を神の御用に捧《ささ》げる心定めをしてご守護いただき、本格的に人だすけに努めました。

そのころ、源次郎は〃結構源さん〃と呼ばれていました。たとえば、転んで頭を打つと、「痛い！」と思わず声が出ます。その後すぐ「結構や！」と続きます。「痛い！　結構や！」の連続で忙しいことです。仕事中だけではありません。人が喜べないことでも、結構やと、すぐに喜べる人でした。

頭を打って痛いのは誰しも同じことです。しかし、それからは一様ではありません。腹を立てる人もあれば、やる気をなくす人もあるでしょう。しかし源次郎は、痛いのが結構やと思えたのです。なぜか。

痛いのは生きている証拠であり、今日も元気で働けるからです。死んだり、熱を出して寝たりしていたら、頭を打つことはありませんが、これは喜べないことです。だから痛いのが結構なのです。しかもそれが、考えたあげくにそう思えるのではなく、パッと直感できる。そこに素晴らしさがあったと思います。

この〝結構源さん〟に見られる「痛い！ 結構や！」は、いかようにも発展します。痛みは小さいうちに感じるから、大きな痛みが予防できるのです。熱が出るのも同じです。私たちの身体《からだ》は、まことに巧《たく》みにできています。

つまり、身体が親神様《おやがみさま》の貸しものであることのありがたさを端的に表したのが、この「痛い！ 結構や！」という叫びであって、これは天理教の教えの神髄を示していると言えるでしょう。

百十五歳定命の希望

「おふでさき」に、「たいないゑやどしこむのも月日なり　むまれだすのも月日せわどり」（六　131）とあるように、妊娠や出産は人間がしていることのように見えるが、実は親神様《おやがみさま》がそうなさっているのである、と教えられます。

殊《こと》に、妊娠から出産に至るまでの胎中十カ月は、その思いを深くします。その間、妊婦が何ひとつ計画しなくても、また昼寝をしていても、胎児はちゃんと成長し、可愛《かわい》い子として生まれてきます。これは〝世話取り〟と受け取ることができるでしょう。

これを延長しますと、毎日生きているのも、そして、借りものの身体《からだ》をお返しして死ぬのも、すべて親神様のおはたらきによるのであって、ここには人間の配慮をはるかに超えた親神様の絶大なご守護があると信じられます。人間、どんなに偉ぶっても、親神様を離れて生存はあり得ないのです。

それだけではありません。親神様のお心は、「人間にできるだけ長く、健全な状態で身体を貸してやりたい。なんとか百十五歳定命《じょうみょう》という境地を見せてやりたい」というところにあると聞かされます。これが生と死の理想であると言えるでしょう。

いったい、そんなことが果たして実現するのかと疑う人は多いでしょう。しかし、かつて人間は、空を飛びたいと思いながら、そんなことは不可能だとあきらめていました。その夢はいま実現し、誰も不思議だとは思っていません。

百十五歳定命も同じです。そして、そこへ至る道は、いまこうして生きているのは親神様のご守護のおかげであると悟り、感謝の念を積み重ねていくところに開かれると教えられているのであります。

こういう夢と楽しみを持って生きていけるところに、かしもの・かりものの理のありがたさがあるのです。

心を澄ますことが先

「おふでさき」に、「このたすけ百十五才ぢよみよと　さだめつけたい神の一ぢよ」（三　100）とありますように、人間の定命《じょうみょう》を百十五歳としてやりたいのが親神様《おやがみさま》の思いであると示されます。

しかも、その長寿は、老い衰えた姿で生き永らえるというのではなく、「その、ちハやまずしなすによハらすに　心したいにいつまでもいよ」（四　37）、「またさきハねんけんたちた事ならば　としをよるめハさらにないぞや」（四　38）とあり、このような陽気づくめの世界実現のご守護を頂く道は、世界の人々の心が澄みきり、欲の心を洗い流して、人をたすける誠の心を捧《ささ》げ合う世の姿を実現していくことであると言われます。心を澄ますことが先、条件で、百十五歳定命はその結果の一つだと言われるのです。

ここから出てくる結論は二つあります。

一つは、天理教は不老長寿という、形のうえのことを理想として目指すタイプの宗教ではなく、心を澄ますという、精神上の事柄を目指す宗教であるということです。

二つは、なぜ百十五歳定命が早急に実現しないのかということです。

人々の心が澄んでゆく度合いに比例して、順次、百十五歳定命に近づくというのが、親神様の考えておられる自然のコースのようであって、心が澄まないのに急に実現したら、かえって世界は混乱してしまいます。財政は破綻《はたん》し、世代間の反目が起こり、百十五歳定命がかえって歓迎されないことになりかねません。

そこからしますと、百十五歳定命が早急に実現しないのは、それが夢物語であるというのではなく、かえってそこに親神様の慈悲のお心が読み取れるように思われます。

夫婦も借りものか

人間の身体《からだ》は親神様《おやがみさま》からの借りものであり、心一つがわがものであるというのが天理教の根本的な人間観で、これを「かしもの・かりものの理」と言います。

ところが、身体だけではなく、親子も夫婦も、兄弟姉妹もみな借りものであるという考え方や言い方がされることもあります。これは正しいのかどうか。

「子は天からの授かりもの」と俗に言います。子供は親がつくったものだから、親は好き勝手に管理できる、子供は親の所有物みたいなものだ、という考え方からすれば、授かりものという思想は、よほど進んだ考え方であると言えます。

授かりものというのは、「たいないゑやどしこむのも月日なり むまれだすのも月日せわどり」（六 131）という「おふでさき」のお歌を一般化した表現とも言えますが、これは子供の出生の起源について言っているだけのことで、借りものというのとは違っています。

夫婦にとって、お互いは借りものに準じたものであり、借りもののようなものである。親子でも同様であるとは言えますが、借りものであるとは言えません。夫の身体は親神様からの借りもの、妻の身体も親神様からの借りもの。いんねんある者同士が組み合わされて、夫婦として守護されているとは言えますが、それ以上ではありません。

それに、いかに夫婦であっても、夫の心は夫のもの、妻の心は妻のもので、心まで所有し、支配することはできません。

その点、夫婦は孤独です。ただし、夫婦が共に親神様を信じ、親神様のお心をわが心として生きる道を選ぶようになったとき、夫婦の心は完全に一つになり、互い立て合いたすけ合いの道が開けてきます。

「みかぐらうた」に、「ふたりのこゝろをさめいよ　なにかのことをもあらはれる」(四下り目　2)と教えられますが、この二人とは、典型的には夫婦のことであり、夫婦の治まりが、この世の陽気ぐらしの基本であると教えられているのです。

TENRI MINI GUIDE 天理ミニガイド 8

天理スポーツ

天理では、親神様《おやがみさま》からの「かりもの」である身体《からだ》を使って、生かされている喜びを表す手段の一つとしてスポーツが盛んに行われています。柔道、ラグビー、野球、ホッケーなど、全国大会の優勝経験を持つクラブも多く、オリンピック選手が多数輩出しています。

甲子園に出場50回、優勝３回の天理高校野球部

第九章
陽気ぐらし

生きる目的は陽気ぐらし

「陽気ぐらし」という言葉を耳にされた方は多いでしょう。天理教といえば陽気ぐらし、陽気ぐらしといえば天理教……。

私たちは現在、さまざまな形で科学のうえに存在しています。科学の発達によって、私たちの肉体が細部にわたり次々と明らかにされてもきました。とりわけ、遺伝子に関する研究が長足の進歩を遂げ、驚かされるばかりです。そして、考古学の世界においても、人間の歴史をどんどんさかのぼって、一枚また一枚と、神秘のベールをはがしていきます。

どこまでもミクロの世界へ、どこまでも太古の世界へ。探究心旺盛《おうせい》な人間のこと、人類が「いつ」「どうやって」造られたのか、まだまだ新たなことが私たちに届けられることでしょう。

こうなれば、科学は万能、何でも教えてくれると思い込みがち。そんな傾向も、なきにしもあらずです。といっても、人間が「なぜ」、つまり何ゆえに造られたのかを問えば、科学を超えた世界になっていきます。

教祖《おやさま》は、「おふでさき」に「月日にわにんけんはじめかけたのわ　よふきゆさんがみたいゆへから」（十四　25）と、明確に教えられています。

親神様《おやがみさま》がこの世と人間を創造されたのは、人間が陽気ぐらしするのを見て共に楽しみたいから、と。

「よふきゆさん」（陽気遊山）、すなわち、陽気ぐらし世界をこの世に実現することが、私たちの人生の意義であり、人類究極の目的であるということになります。

私たち人間の旗幟《きし》は鮮明です。それは「陽気ぐらし」。

十のはたらき備えた身体

「陽気ぐらし」が人生の意義であり、目的であるということは、すでに述べました。要《よう》は、親神様《おやがみさま》が最初、この世と人間を造られた目的が陽気ぐらしにあったわけです。ただ、適当に造って、さあ陽気ぐらしをしろ、というのではなく、私たち人間が陽気ぐらしを味わえるように、身体《からだ》の仕組みのなかに、ちゃんとその条件が組み込まれているのです。

たとえば、身体の基本をなすのは、お分かりの通り、うるおい（水分）と温《ぬく》もり（体温）のはたらきです。そして、ご飯を食べてエネルギーを蓄えますが、それぞれに滋養を分け、そのカスを体外へ出すはたらきも要るでしょう。呼吸をして、その息を吹き分けて話をするはたらきも要るでしょう。身体を骨で突っ張るはたらきも、皮でつなぐはたらきも必要でしょう。

というわけで、これだけ備えておけば陽気ぐらしが味わえるだろうと、全部で十のはたらきを身体のなかに配されていると教えられます。そこに初めて生が成り立ち、陽気に楽しく生きられる条件が与えられた、と言えるわけです。

私たちの心は、自分の思うように使えるとしても、身体のなかのはたらきに関しては、そうはいきません。やはり親神様の領域かな、親神様からの借りものかな、と思えてきます。

その心の持ち方と身体のなかのはたらきは、微妙につながっています。ご飯を頂くとき、手と口と、さらに目や鼻も使って動作します。ここまでは自分の意思ですが、のどに送り込んだが最後、あとは内臓任せです。

身体のなかが気持ちよくはたらいてくれるよう、感謝してありがたく頂きたいものです。陽気ぐらしの第一歩ですから。

「九つの道具」の使い方

「食べたものは、ちゃんと消化してあげよう。眠っている間も休みなく心臓を動かしてあげよう」と親神様《おやがみさま》がおっしゃいます。

その代わり、というわけでもありませんが、だから「心一つがわがもの」の心を自由に使い、「九つの道具」を、陽気ぐらしのために有効に働かせておくれとおっしゃり、願っておられるのだと思います。

目・耳・鼻・口、それに両手・両足、さらに男女一の道具、これで九つ。耳は二つあり、聖徳太子は複数の人の話を同時に聞き分けたとか、中南米に住むヨツメウオは目のレンズが上下二つに分かれていて、空中と水中を同時に見ることができるとかいいますが、それはともかく、目も耳もそれぞれ一つのはたらきと考えます。

道具とはうまく言ったもので、これには自分の意思をかなり入れることができます。とはいっても、勝手に使っていいのか。

「おふでさき」に、「なさけないとのよにしやんしたとても 人をたすける心ないので」（十二 90）とあるように、親神様は「人をたすける心」が欲しいとおっしゃっています。その思いで道具を使うことです。なにも難しく大層に考えることはありません。

困っている人があれば、「ああ、つらかろうに」と心をかけ、足を運び、患う個所に手を当ててあげる。言葉の一つもかけて、心の重荷を少しでも軽くしてあげられればと思いやる。私たちにできるのは、それくらいかもしれません。あとは親神様にはたらいていただく世界です。

このように、人のためにと願って、九つの道具を使う。すると、自分の心と身体《からだ》が自然に勇んでくるから不思議です。

出しても減らない

スポーツ界花盛りです。サッカーのJリーグ、プロ野球、大相撲と、いずれ劣らぬ人気ぶり、といったところです。

華やかそうに見えるその陰で、懸命のトレーニングを積んでいます。テレビ中継でわれわれが目にするのは、まさに氷山の一角。

必死になって走り込み、バーベルを挙げます。相撲取りなら四股《しこ》を踏み、テッポウも繰り返す。全身から玉の汗がしたたり落ちます。

みんな手を抜かず、一生懸命に自分の力を出す。出して出して出しきる。するとどうなるか。力がついてくるのです。当たり前のことで、誰でも知っています。

ここにクッキーが十個あるとします。ぶどうが五房あるとします。人に分けてあげれば、あげた分だけ確実に減ります。

出したら、なくなる。形あるものは、出したらなくなってしまいます。

ところが、力を出せば、力がつく。愛を注げば、心が豊かになってくる。誠真実を尽くせば、「神のほうには倍の力を」と。「誠真実の心に乗って神がはたらく」とも教えられます。

力がつけば、ますます力が出せます。愛も誠真実も、無条件のもので、泉のようにいくらでも湧《わ》いてきます。そして、出せば出すほどに、心の中が豊饒《ほうじょう》に満ち満ちてくることは、誰もが大なり小なり体験済みでしょう。

だから、利害関係を超えて、信仰者は働こうと努めます。使うことの自由を許された心は、どこまでも深く、どこまでも遠くへ駆けることができるのですから。

「ある」ことを数える

いま「ある」ことを数えるか、「ない」ことを数えるか——幸せを感じ得るか否かの分かれ目が、ここにあります。

「隣の家には大型テレビがあるのに、うちにはない」「どこそこには車が二台もあるのに、うちには一台しかない」……あるなしクイズではなく、このたぐいの話は以前よく話題になったものです。最近あまり聞こえてこないのは、物があふれてきたからでしょうか。

「ない」ことを数えれば、〝上を見れば、ほしいほしいの星ばかり〟で、きりがありません。だから、「上を見るより下見て通れ」という格言も生きています。

教祖《おやさま》は、まず家財道具や母屋《おもや》、さらには田畑まで手放して、「貧」のなかに身を置かれました。

あるとき、娘のこかん様が「もう、お米はありません」と言うと、教祖は「世界には、枕もとに食物《たべもの》を山ほど積んでも、食べるに食べられず、水も喉《のど》を越さんと言うて苦しんでいる人もある。そのことを思えば、わしらは結構や。水を飲めば水の味がする。親神様《おやがみさま》が結構にお与え下されてある」とおっしゃいました。大切な教訓です。

人間の欲望には際限がありません。物に限らず、身体《からだ》のことに関しても、こうであれば、ああであればと、病むほどに思いますが、どんなに条件が悪くなったとしても、いま生きている、命が与えられているという厳然たる事実が存在します。そこから新たな生き方が始まります。

つまり、「ない」ことを数えていた自分から、「ある」ことを数え始める自分に生まれ変わっていくのです。「ある」ことを数えてみると、いままで気づかなかったものが、ある、ある、ある……。

そんな確かな生き方を、教祖は「ひながた」として示してくださっているのです。

人のなかに生きる

天理教には「底なしの親切」という言葉があります。教祖《おやさま》が「神のやしろ」となられてから通られた、五十年の「ひながたの道」に見られるご行動の一端を言い当てた言葉です。そのいくつかをたずねてみましょう。

「ひながた」の前半二十数年は「貧の道」。そのなかにあっても、「この家へやって来る者に、喜ばさずには一人もかえされん」と、食を乞《こ》う者が来れば、やっと手にしたお米でも、また寒さにふるえている者には身に着けている衣類でも、惜しげもなく与えられたといいます。

明治政府のもとで、巡査がなんだかんだと理由をつけて拘引に来ます。すると、教祖は「左様《さよう》ですか。それでは御飯をたべて参ります」。そして、そばの者に「このお方にも御飯をお上げ」と。連れに来た巡査にまで心配りをされたというのです。

明治十六年の夏は、相当の干ばつに見舞われました。村人は雨乞《あまご》いを頼んできました。やればやったで、巡査が来ることは分かっています。たっての願いで雨乞いづとめを敢行《かんこう》。果たして、篠《しの》突く雨。村人は大喜びです。しかし、この地域だけに降ったため、水利妨害だと、おつとめに出た人たちは警察に引っ張られ、罰金まで取られました。

それでもこの直後、幾人かは他の村へも雨乞いに赴いたといいます。

それほどまでに、彼らを駆り立てたものは何であったか。

「おふでさき」に、「せかいぢう神のたあにハみなわがこ 一れつハみなをやとをもゑよ」（四 79）とあるように、親神様《おやがみさま》にとっては敵も味方もない、どの人間も可愛《かわい》い子供なのである、ということです。だから草創期の信仰者は、わが身を顧みずに、人のなかに生きたのでしょう。

「たすけ合い」の世界

言い古されたことですが、「人」という字は支え合う姿を表すといいます。また、こんな歌があります。

「生きているということは　誰かに借りをつくること
生きていくということは　その借りを返してゆくこと
誰かに借りたら誰かに返そう
誰かにそうして貰《もら》ったように　誰かにそうしてあげよう
……
人は一人では生きてゆけない　誰も一人では歩いてゆけない」
（永六輔《えいろくすけ》作詞『生きているということは』）

現実の姿をきっちり見て取っています。どんなに強そうな人でも、一人では生きていけない。ましてや怪我《けが》をしたり病気になったりすれば、人の世話にならざるを得ません。してみれば、本当に健常者などということはあり得ないのかもしれません。人間は強そうでいて案外、弱いものです。

そうです。スーパーマンでない限り、一人で何でもできる、事足りるという人間はいないのです。誰でも長所があり短所がある。特性が、厳密に言えば、みな違うわけです。

人はみな不完全であり、一人ひとり違う。違うから、互いに力を合わせて進んでいくのです。

むしろ、正反対のもの同士が協力し合うところに、新しいもの（いのち）が生まれるのです。その意味では、スーパーマンといえども万能ではないわけです。

みな同じであったら、他人の力も自分に備わっているのだから、他人に力を借りるという場面も起こらないでしょう。ところが、人はみな違う。違うから、たすけ合いが要るのです。肩ひじ張らず、さりげない支え合いの実践を——。

「互い立て合いたすけ合い」。これが天理教信仰者の日常的な心構えです。

あとがき

本書の内容は、『天理時報特別号』に一九八〇年から九三年にかけて、百六十回にわたって連載された「天理教の常識」のなかから百編を選び、加筆してまとめたものです。

同紙は、天理教のことを知らない人や信仰を始めて間もない人を対象に、教えのエッセンスを分かりやすく伝えるB５判の月刊新聞で、広くにをいがけ（布教）に活用されています。当時、編集を担当していた故・西山輝夫《にしやまてるお》氏には、『天理教とは』などの入門書をはじめとする多数の著作があり、この連載においても、初めて教えにふれる人が理解しやすいようにと、氏独自の視点によるアプローチがなされています。

掲載当時の教内の状況や、世の中の動きについて書かれたような個所は改めましたが、もとより教祖《おやさま》の教えは、いかに時代が変わろうとも不変の真理であり、自ら身をもって示された道すがらも、すべての人間が歩むべき「ひながたの道」であることに変わりはありません。

天理教ではいま、来年の教祖百三十年祭に向けて活発に布教活動が展開されています。このお道に出合い、これから信仰生活を送られる方々に、本書を役立てていただければ幸いです。また、長く信仰を続けておられる方にとっても、この教えの素晴らしさをあらためて確認し、一人でも多くの人をたすかる道へと導く一助としていただくことを願ってやみません。

立教一七八年八月

編　者

天理教《てんりきょう》の考《かんが》え方《かた》・暮《く》らし方《かた》

立教178年(2015年)10月1日　初版第1刷発行
立教179年(2016年)4月26日　初版第2刷発行

編　者　天理教道友社

発行所　天理教道友社
〒632-8686　奈良県天理市三島町1-1
電話　0743(62)5388
振替　00900-7-10367

TENRIKYO DOYUSHA

印刷所　株式会社天理時報社
〒632-0083　奈良県天理市稲葉町80

ISBN978-4-8073-0593-3
定価はカバーに表示